크리에이티브한 삶을 위한

한 달 진보주의자 되기

크리에이티브한 삶을 위한
한 달 진보주의자 되기

2020년 3월 10일 초판1쇄 발행

지은이	김재준
발행인	김종락
펴낸곳	파레시아
출판등록	2018년 3월15일(등록번호 제2018-000074)
주소	서울특별시 마포구 동교로 136 201호
전화	02-777-0616
전자우편	paideia21@gmail.com
ISBN	979-11-963569-4-1 02190
CIP	2020009520

파레시아는 대안연구공동체의 출판 브랜드입니다.

크리에이티브한 삶을 위한

한 달 진보주의자 되기

김재준

파레시아

영원히 우리는 젊다.

Forever we are young.

- 방탄소년단 「Young forever」에서

차례

1. 보수는 정신적 노화다

"어떻게 하면 젊어질 수 있을까? 어떻게 해야 크리에이티브한 인생을 살 수 있을까? 진보주의자가 되어 보라. 매일 진보적인 생각을 해 보라. 지금까지 오른쪽으로 떠밀려가는 삶을 살았다면 이제부터는 왼쪽으로, 더 왼쪽으로 밀고 가보자."

2020년 1월 29일, 서울 홍대에서 멀지 않은 대안연구공동체 강의실. 경제학 교수이자 시각예술가, 미술품 컬렉터, 예술비평가 등 다양한 분야에서 활동해 온 김재준 교수가 특이한 주장을 펼치고 있었다. 그가 쓴 책 『벤야민 번역하기』의 출간을 기념한 특강에서였다. 『벤야민 번역하기』는 희한한 책이었다. 지금까지 그가 공부한 라틴어, 그리스어, 독일어, 이탈리아어, 프랑스어, 포르투갈어, 한문, 히브리어 등이 뒤섞이고, 문학과 철학 역사를 중심으로 한 인문학, 락과 팝을 포함한 대중음악과 다양한 장르의 미술, 그리고 정치와 경제 등에 대한 인식과 경험이 마구 버무려진 책이었다. B5 용지 크기에 650쪽에 이르는 묵직한 책은 슬쩍 뒤적여 보기만 해도 기존의 책과는 확연히 달랐다. 현대 미술과 음악, 철학과 종교와 역사와 정치와 경제 등을 가로지르는 이야기는 자주 선문답처럼 들렸지만 강의가 진행될수록 그가 말하려는 요지는 뚜렷해졌다. 결론은 여러 가지였다. 그 중에서도 가장 크게 와닿는 말은 "창의적이 되려면, 젊어지려면, 새로운 예술을 하려면 진보 좌파가 되라"는 것이었다. 보수 우파가 들으면 분노할 수도 있는 말이었다.

그는 왜 새로운 것을 하려면 진보가 되라는 것

일까? 강의가 끝난 뒤 김 교수를 만났더니 그는 한 걸음 더 나아갔다.

“딱 한 달만 진보주의자가 되어보라, 그러면 세상이 달라 보이고 삶이 바뀔 것이다.”

그러면서 그는 “청춘이란 인생의 어떤 한 시기를 뜻하는 것이 아니라 마음가짐을 뜻한다.”는 사무엘 울만의 시를 인용했다. 그의 조용하지만 힘 있는 말은 은근한 설득력을 가지고 있었다. 그의 생각을 더 듣고 싶어 하는 이들과 몇 차례 만나 학문과 예술, 진보, 인문학, 창의성, 정치 등에 대한 이야기를 나누었다.

- 정치, 예술, 진보, 인문학, 창의성. 서로 연관이 없어 보이는 단어의 나열이다. 인문학과 예술, 창의성과의 상관관계는 짐작할 수 있지만 이것이 정치나 진보와 무슨 관계가 있는가?

“서로 관계가 없어 보이는 단어들을 늘어놓은 것처럼 보일 수 있다. 그러나 이것이 서로 깊게 관련돼 있다는 것은 내가 학문과 예술 작업과 인문학 연구를 하는 과정에서 얻은 결과다. 그동안 나는 늘 궁금했다. 왜 어떤 사람은 어릴 때 천재였는데 나이가 들수록 평범해지고, 어떤 사람은 뒤늦게 공부를 시작했는데 창의적이고 빼어난 논문을 쓸 수 있을까? 왜 나이든 사람들 가운데 보수가 많고 젊은 사람들 가운데 진보가 많을까? 왜 화가나 소설가, 영화감독 중에는 좌파나 아나키스트가 많을까? 진보와 창의성은 어떤 관계가 있을까? 인문학과 예술은 무슨 관계가 있을까?"

- 그런 것을 생각하게 된 계기라도 있었나?

"말하기에 좀 부끄럽지만 나는 한국 사회의 이른바 금수저, 아니 금수저와 은수저 사이에서 태어났다. 지금까지 비교적 경제적인 여유가 있었고 한국 최고의 대학을 졸업해 미국의 세계적인 대학에서 박사학위를 받았다. 그 후 대학교수가 되어 안정된 직장에서 일하며 하고 싶은 것을 다 하며 살았다. 이런 나른하고 풍요로운 기득권을 계속 즐기기 위해 나는 내 것을 악착같이 지키려는 보수 우파가 되는 것이 맞다. 그런데 뭔가 아쉽고 허전했다."

- 왜 그랬는가?

"학문을 하는 사람들이 대부분 그렇듯이 나도 좋은 논문을 쓰고 싶었다. 유학 시절, 같은 과에는 성적이 좋지 않고, 경제학에 필수적인 수학도 못하는 친구들이 많았다. 옥스퍼드대 학부에서 역사학을 전공했던 캐나다 출신의 친구가 있었다. 그는 수학을 잘 못해서 내가 조교를 하던 대학원에서 기초 수학을 듣고 있었다. 우연히 기숙사에서 만나 저녁 식사를 함께 하며 '수학은 할 만하냐?'고 물었다. 그는 '공부해 보니 재미있어서 나중에 수리경제학을 전공하고 싶다'고 대답했다. 경제사처럼 자신이 해 본 것이 아니라 해 본 적도 없는, 심지어 수학도 잘 못하면서 수리경제학을 전공하겠다니…. 말이 안 되는 꿈으로 보였다. 그런데 그는 훗날 게임이론으로 논문을 쓰고, 노스웨스턴대의 경제학 교수가 되었다. 이런 일은 한두 번이 아니었다. '영어를 못해서'와 같은 진부한 차원의 이유를 넘어선 무언가 거대한 벽이 분명히 있었다. 창의성에 대한 책도 많이 읽어 보았지만 그렇다고 뾰족한 수가 있는 것도 아니었다. 어쨌든 나도 무사히 코스워크를 마친 뒤 좋은 지도 교수를 만나 학위를 받고 교수가 되어 누릴 것 누리며 살아 왔다. 그런데 항상 아쉽고 가슴 한구석이 허전했다. 다 같이 세계 유수의 대학교에서 공부했는데 왜 누구는 탁월한 논문을 쓰고 누구는 쓰지 못했을까?"

– 답을 찾았나?

"그 당시 풀리지 않는 수수께끼는 도대체 누가 훌륭한 학자가 되는지 알 수 없다는 것이었다. 함께 공부한 학생 가운데 중국 베이징대 물리학과 출신의 천재가 있었다. 세계적인 경제학자이자 훗날 시카고대 총장을 역임한 휴고 소넨샤인 교수가 펜실베이니아대 물리학과에 있던 그를 데리고 왔다. 역시 천재는 달랐다. 그는 오자

마자 치른 대학원 첫 학기 미시경제학 중간시험에서 1등을 하였다. 그런데 그 뒤 논문 쓰기에는 실패했다. 이와는 반대로 문화혁명文化革命때문에 공부를 못한 탓에 영어 강의도 제대로 따라가지 못하던 40대 늦깎이 학생이 있었다. 필기를 못해 항상 클래스메이트의 노트 빌리기에 급급하던 학생이었다. 그런데 그는 훗날 미국 최고의 학술지에 논문을 게재하고 훌륭한 학자가 되었다."

– 무엇이 문제였을까?

"혼자 고민했다. 창의성의 문제일까? 창의성이란 무엇일까? 누가 창의적인 사람일까? 창의성도 훈련으로 개발될 수 있는 것일까? 이런 질문들은 그 이후 나를 사로잡았고 어디서 무엇을 하든 유령처럼 따라 다녔다. 디자인 연구자 장영중은 '왜 우리는 아이폰 같은 것 못 만들지?'에 대한 질문에 '우리가 그것을 만들 수 있는 기술이 없는 것이 아니라 만들고 싶어 하지 않기 때문'이라고 답한다. 그렇다면 나는 그때 정말 새롭고 창의적인 논문을 쓰고 싶은 마음이 없었던 것일까?"

- 쓸 수 있는 능력이 있었는데, 쓰고 싶지 않았다?

"잘 모르겠다. 아니, 아무래도 당시엔 좋은 논문을 쓸 능력이 없었다는 것이 정답이다."

- 창의성에 대한 답은 찾았나?

"뉴욕의 모마 미술관에 갔다가 마티스의 작품 「댄스」를 보았다. 처음 만났을 땐 작품의 위대함보다 불완전함부터 눈에 들어왔다. 지금도 보면 알겠지만 색칠이 아주 허술해 보였다. 한국의 초등학생 같으면 훨씬 더 빈틈없이, 잘 칠했을 텐데 하는 불경스러운 의문도 들었다. 그런데 다시 보면 대가의 자유로운 정신이 느껴지는, breathtaking이라는 영어 단어가 어울리는, 숨이 막힐 정도의 걸작이었다. 이게 뭐지? 어쩌면 바로 이런 부분에 창의성의 비밀이 담겨 있지 않을까? 아티스트를 연구하면 내가 창의적인 사람이 되지 않을까? 마티스의 그림을 보며 이런 엉뚱한 생각을 하게 되었다."

- 그래서….

"생각해 보니 마티스뿐이 아니었다. 피카소의 「아비뇽의 처녀」도 마찬가지였다. 길거리의 지저분한 낙서로 치부되던 그라피티를 예술로 승화시킨 바스키아의 작품같이 대담한 그림이 좋아졌다. 현대 미술은 아주 단순하고 추상적인 그림이 많다. 최근 세계적으로 유명해진 이우환이 그 사례다. 그는 큰 캔버스에 점을 몇 개 그린다. 아무 것도 말해 주지 않는 단 2개의 점, 이런 작업이 반복된다. 윤형근도 마찬가지다. 색이 번져 나오는, 검정에 가까운 큰 네모를 두세 개 그린다. 거의 평생 이를 반복했다."

- 반복이 중요한 것인가? 그래서 어떻게 했는가?

"화가들은 지루할 정도로 같은 것을, 사실은

같아 보이는 것을 그린다. 그런데 같은 것을 반복해 그리면서 지루하다고 느끼면 아마추어다. 프로는 같은 것을 한없이 반복하면서도 지루해하지 않는다. 이것은 내가 직접 실험을 해 본 결과 발견한 나만의 단순한 진리이다. 세상에는 동그라미 하나 제대로 그리기 힘든, 재능 없는 사람이 많다. 나도 그런 부류이다. 그래서 선택의 여지없이, 가장 단순한, 바보라도 할 수 있는 선 긋기를 했다. 연필을 잡고 옆으로 선을 긋는다, 반복적으로. 그런데 채 3분을 지나지 못해 지루해졌다. 방법이 없을까? 고심한 끝에 호흡과 선 긋기를 병행했다. 선하나 그을 때마다 한 호흡, 천천히 숨을 내쉬는 방식이었다. 훨씬 덜 지루했다. 아니 흥미로웠다. 갈수록 알 수 없는 깊이가 생기면서 선을 긋는 작업을 멈출 수 없을 정도로 점점 더 재미있어졌다. 마음이 조용해지고 아무 생각도 나지 않았다. 나는 사라지고 선을 긋는 동작만이 존재했다. 선 긋기가 일종의 공연예술로 바뀐 것이다. 나만의 아이디어로 작품을 만드니까 '지루하다, 지루하지 않다'라는 차원 자체를 초월하게 되었다."

- 미술에는 문외한이다. 선 긋기는 재미나게 할 수 있다고 하더라도 그게 무슨 미술인가?

"예쁘게 그린다고 예술작품이 아니다. 단순한 것 안에 복잡 미묘함이 숨어 있다. 이를테면 미술은 자신의 생각을 시각적으로 표현하는 것이다. 아까도 말했지만 마티스의 「댄스」도 일부러 투박하게 그렸다. 그러나 볼수록 이것 참 걸작이다 싶은 생각이 든다. 이 작품 앞에 설 때마다 이렇게 '못 그렸다' '대단한 걸작이다'라는 생각이 오간다. 이것이 현대 예술 작품의 특징이다."

- 그래서 작품을 만들었는가?

"사실 '지루하다'는 것만 성찰해도 좋은 작품이 나온다. 현대인들은 지루한 것을 못 견뎌 온갖 짓을 하지 않는가? 현대 자본주의가 여기를 파고든다. 지루함을 공략하는 새로운 스타일의

물건을 끊임없이 생산하고 판매한다."

그러면서 그는 자신의 비디오 작품 몇 점을 선보였다. 처음 보여 준 것은 회색의 텅 빈 화면에 피아노 음악만 흘러나오는 것이었다. 음악인가 싶어 가만히 들었더니 그건 아닌 듯했다. 화면의 왼쪽 아래엔 아날로그시계가 초단위로 작동하고 있었고, 오른 쪽 아래엔 0:0이라는 숫자가 적혀 있었다. 오른쪽 하단의 시계가 00:45가 03:30…을 거쳐 05;27, 07:54 등으로 바뀌고 오른쪽 하단의 의문의 숫자 0:0에 변화가 없을 때까지 누구도 이 시각 예술의 정체를 몰랐다. 그러나 왼쪽 하단의 시계가 15:34, 34:27 등으로 바뀌고 오른쪽 하단의 숫자가 0:1, 1:1, 2:1 등으로 변화하자 누군가 이것이 '축구 중계'라는 것을 알았다. 작품의 이름은 「베른의 기적」, 1954년 스위스 베른 월드컵에서 독일과 헝가리의 극적인 결승전을 소재로 한 작품이었다. 영화로 만들어질 정도로 극적이었던 축구 경기 TV중계에서 화면을 지우고, 아나운서의 중계와 해설을 피아노 음으로 대체해 버리니 지루하기 짝이 없는, 하지만 현대 자본주의의 속성을 극적으로 표현한 영상 작품으로 변신한 것이었다.

내친 김에 그는 비디오 작품 2개를 더 선보였다. 하나는 넓은 화면 위쪽에 20 March, 21 March, 22 March, 23 March…7 April, 8 April, 9 April에 이르기까지 날짜가 깜박거리고, 날짜가 바뀔 때마다 아래쪽에는 3: 320, 5: 273, 5: 326, 0: 254 7: 399 등의 숫자가 명멸하는 작품이었다. 이건 도대체 무엇일까? 한동안 비디오를 보다 그가 작품의 제목을 말했다. 「미국 이라크 전쟁」. 위쪽은 2003년 이라크전 개전 이래 바그다드 함락까지의 날짜이고 아래쪽 숫자는 날짜별로 미군 전사자 대비 이라크 민간인 사망자를 집계한 것이라고 했다.

또 다른 작품은 저울 위에 두 개의 비커가 놓

인 것이었다. 왼쪽 비커엔 하얀색, 영문으로 된 이름이 아주 간간이 떨어져 내리고, 오른쪽엔 아랍어로 된 이름이 함박눈이 쏟아지듯 우수수수 떨어져 내리는 화면이 나왔다. 그가 다시 비디오 작품을 설명했다. 제목은 역시 「미국 이라크 전쟁」. 왼쪽에 떨어져 내리는 영문명은 이 전쟁에서 사망한 미군의 이름, 오른쪽 아랍어로 쓴 이름은 사망한 민간인의 이름을 상징한다고 했다. 왼쪽 비커의 영문 이름이 바닥에 살짝 깔리는 동안 오른쪽 비커의 아랍어 이름은 가득 차 넘쳤다. 저울은 오른쪽으로 확 기울었다가 다시 왼쪽으로 기울며 끝났다. 다수 희생자들의 생명은 중요하지 않다, 세상은 그렇게 비대칭적이라는 것을 단순하지만 극명하게 드러낸 작품이었다.

– 아, 전쟁을 이런 식의 작품으로 나타낼 수도 있구나. 반전反戰 작품처럼 보인다.

"창의적인 사람은 남이 못 본 것을 볼 수 있다. 남들이 보고 지나치는 것에서 뭔가를 보고 이끌

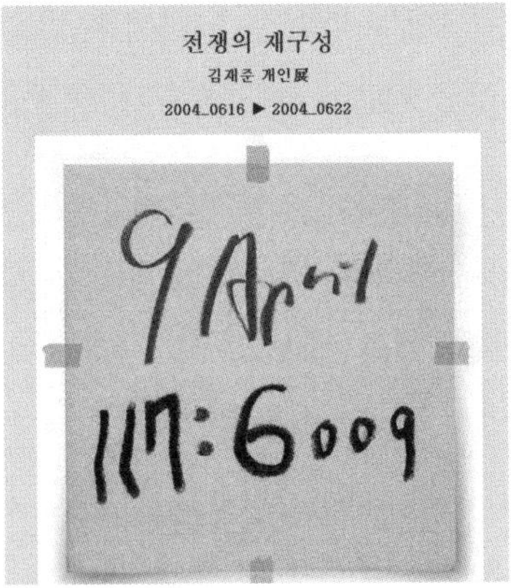

미국 이라크 전쟁을 주제로 연 전시회 「전쟁의 재구성」 포스터

어 낼 수 있다. 이런 생각을 가지고 있다가 2003년 3월 20일 시작된 이라크 전쟁에 관심을 가지게 되었다. '도대체 얼마나 많은 사람들이 죽었을까? 전쟁의 피해는 얼마나 될까?' 자료를 조사해 보니, 미국과 영국의 군인 전사자는 누가, 언제, 왜 죽었는지와 나이, 고향 등에 대한 자세한 정보까지 나와 있었다. 자료를 보다 문득 열여덟 살짜리 앳된 모습의 미국 소년이 눈에 들어왔다. 미국 남자 평균 수명을 고려하면 적어도 50년은

더 살 수 있었는데 하는 안타까운 마음이 들었다. 그러면서 상대편인 이라크군 사망자를 찾아봤다. 정확한 통계치 조차 없었다. 민간인 사망자 추정치만이 있을 뿐이었다. 이라크 민간인 사망자 추정치 데이터를 보고 미국 지상군이 이라크에 진입해서 바그다드를 함락할 때까지, 그러니까 2003년 3월 20일부터 4월 9일까지 사망자 통계를 분석해 보았다. 미군이 하루 평균 0~10명 정도 전사할 때 이라크 민간인은 평균 300명 정도가 죽고 있었다. 이 중 상당수가 어린이와 여자들이었다. 충격적이었다. 머릿속이 하얘졌다. 이 충격을 시각화하기 위해 미국 군인과 이라크 민간인의 매일 사망자 숫자를 한 장의 종이에 써 보았다. 그리고 날짜순으로 늘어놓으니 어떤 사진 작품보다도 끔찍했다."

– 반전 작품을 만들다니, 본래 우파였다고 하지 않았나?

"본래는 오른쪽에 있었다. 그런데 예술을 하다

보니 왼쪽으로 이동해 나도 모르게 진보적이 되었다. 알고 보니 위대한 예술가, 철학자의 90% 이상이 좌파였다. 피카소, 사르트르, 오웰 등 예술가, 철학자 중에는 좌파가 많다. 여기에 중요한 창조성의 비밀이 숨어 있다. 창의적인 사람이 되려면 진보적 관점에서 세상을 보아야 한다. 그게 잘 안된다면 의식적으로 좌파가 되어야 한다. 내가 배부른 부르주아 우파에서 진보주의자가 되려고 노력했던 이유도 여기에 있다."

- 하지만 보수도 좋은 작품을 만들 수 있지 않은가? 히틀러 치하의 레니 리펜슈탈이 나치의 뉘른베르크 전당대회나 베를린 올림픽을 소재로 만든 다큐멘터리 영화는 미학적으로 빼어났다는 평가를 받았다.

"인정한다. 극우도 간혹 좋은 작품을 만들 수 있다. 아주 간혹, 위대한 우파 예술가, 철학자도 있다는 사실을 부인하진 않겠다. 그러나 많지는 않다. 그들이 좋은 작품을 만들려면 하이데거나 괴테 급이 되어야 한다. 리펜슈탈만 해도 결국 어떻게 되었나? 전쟁이 끝난 뒤 전범으로 기소되었고, 나치즘을 찬양한 감독이라는 꼬리표가 평생 따라다녔다."

- 예술을 하면 좌파가 되어야하는 이유라도 있는가?

"글쎄. 도올 김용옥이 말했나? '인간의 고통에 귀를 기울이는 것이 예술이다'라고. 예술이란 인간의 고통을 재현하거나 모방mimesis하는 것이어서 예술가들은 본질적으로 진보적일 수밖에 없는 것인지도 모른다. 어떤 사람은 '예술가는 사회의 기존 질서에 저항하는 존재이며 언제나 새로운 것에 목말라하고 변화를 꾀하는 존재'라고도 말한다. 만약 이런 말들이 사실이라면, 반체제적 예술과 진보적 예술가를 좋아한다는 보수적 예술 애호가들은 성향이 바뀔 수도 있지 않을까? 이런 의문을 가지고 나는 직접 인문학과 예술을 공부하며 실험을 해 보았다. 그 결과 나도 모르게 없었던 창의성이 생겨나며 정치 성향 또한 크게 바뀌었다는 것을 깨달았다. 기존의 분류에서 보는 좌파나 우파의 카테고리에 딱 맞아떨어지지는 않지만 진보적인 정치 성향을 가지게 되면서 급진적인 사람까지도 이해하게 된 것이다."

- 그런데 미리 해결해야 할 문제가 있다. 도대체 무엇이 진보이고, 무엇이 보수인가.

"선뜻 대답하기 힘든, 매우 애매하고 복잡한 질문이다. 흔히 사람들에게 자신이 진보냐, 보수냐를 물어보면 별다른 고민 없이 진보, 혹은 보수라고 답한다. 그러면 우리는 진보와 보수의 기준을 명확하게 알고 있을까? 박정희, 박근혜, 이명박을 지지하면 보수? 김대중, 노무현, 문재인, 심상정을 지지하면 진보? 미국과 일본을 좋아하고 그 정책을 지지하면 보수? 중국과 주변 국가의 정세를 살피는 외교를 지지하면 진보? 북한은 빨갱이니 모든 지원과 교류를 중단해야 한다고 생각하고 지역주의와 반공주의를 지지하면 보수? 북한과의 원만한 정치, 경제적 교류를 지원하고 평등과 복지를 지지하면 진보?"

- 정확하진 않지만, 지금 우리나라에서는 대체로 그런 식으로 분류하고 있는 듯하다.

"과연 이런 분류 기준들이 맞을까? 뒤집어서 한 번 생각해 보자. 자유민주주의를 수호했다는 박정희의 경제개발계획은 사회주의적 정책이었다. 빈곤을 탈출하기 위해 국가의 권력이 개입한 반시장적 프로젝트였다. 그럼 박정희는 진보인가? 반면 늘 좌파라고 매도되던 노무현이 실시한 비정규직 확대와 한미FTA같은 정책은 신자유주의 정책의 전형이었다. 노무현은 보수인가? 유승민은 정치 안보 부분에 대해서는 반공 보수주의자지만, 경제 정책에서는 경제 민주화와 복지를 위한 증세增稅 정책에 공감하고 있다. 유승민은 보수인가, 진보인가? 민주당 의원 중에도 안보 문제에 대해서는 북한과의 평화 정책을 지지하지만 경제적으로는 한미 FTA에 찬성하는 의

원들도 많다."

- 그러고 보니 보수와 진보의 경계가 너무 모호하다.

"그렇다. 유시민이 '억압에서 인간을 해방시키는 것이 진보'라고 두리뭉실하게 말할 정도로 모호한 것이 보수와 진보의 개념이다. 그러나 나에게는 보수와 진보를 명백하게 나눌 수 있는 기준이 있다. 바로 정신적 노화가 보수라는 것이다. 아무리 육체적으로 젊어도 정신이 늙으면 보수주의자이고, 아무리 나이가 들어도 생각이 젊으면 진보주의자다."

- 보수주의자들이 분노할 분류법이다.

"그럴 수도 있겠다. 하지만 틀린 말은 아니라고 생각한다. 예를 들어 보자. 구스타프 말러는 혁신적인 작곡자였지만 쇤베르크의 신음악은 잘 이해하지 못했다. 그러면서도 지속적으로 그의 음악을 지지했다. 쇤베르크의 「실내 교향곡 1번」

이 오스트리아 빈에서 처음 연주되었을 때 많은 청중들이 거칠게 비난하고 조소하며 퇴장했다. 하지만 그는 모든 청중이 나갈 때까지 혼자 남아 박수를 쳤다고 한다. 노년의 그는 말했다. '비록 쇤베르크의 음악을 내가 이해하지 못하지만 그는 젊으니 아마 그가 옳을 거야. 나는 늙었으니 그의 음악을 들을 수 있는 귀가 없는지도 모르지.' 그러니까 이런 기준에서 말러는 나이가 들어도 보수가 아니었다."

- 보수지만 쇤베르크의 다름을 받아들이는 사람도 있다.

"물론 있을 것이다. 그런 다름을 받아들이는 사람은 여기서 말하는 보수가 아니다. 내가 말하는 보수주의자는 정신적으로 늙고, 낡은 기존 관념에 사로잡혀 다름을 인정하지 않는 사람이다. 자신의 생각과 믿음을 고집하며 새로운 것을 받아들이려 하지 않는 사람. 유감스럽게도 한국의 보수에는 이런 사람들이 아주 많다. 젊을 때는 진보적이었다가 나이 들면서 자신도 모르게 보수가 된 사람들도 이런 카테고리에 넣을 수 있다. 나이 들면서 몸만 늙은 것이 아니라 정신도 노화한 거다. 자유롭게 보이는 사회일지라도 이런 사람들이 많은 사회는 대체로 억압 사회다. 이런 면에서 일본은 대표적인 억압 사회이다. 한국과 달리 정권교체가 거의 이루어지고 있지 않으니 정치적으로는 후진국이라는 생각까지 든다."

- 그러면 한국의 보수주의자들이 사랑하고 존경하는 미국은 어떤가?

"미국에서 민주당과 공화당 지지가 지역적으로 어떻게 분포되어 있는지 보라. 대륙 양쪽 해안가 동부와 서부의 교육 수준이 높고 잘사는 지역에 민주당 지지자가 많다. 이에 반해 공화당 지지자는 소득수준이 낮고 열성적 개신교 신자가 많고 백인 비중이 높은 이른바 러스트 벨트나 중남부 지역에 많다. 공화당 지지자가 많은 텍사스도 대학 도시나 첨단 기술 도시에는 민주당 지지지자가 많다. 이것이 무얼 의미하는가."

- 미국에는 강남좌파가 많다는 뜻인가?

"우리로 치면 그런 셈이다. 다른 예를 보자. 2020년 2월 1일 미국 민주당의 아이오와 경선에서 버니 샌더스의 유세장에는 3000여 명의 인파가 모였다. 올해 78세가 된 샌더스의 유세장은 2030 젊은 지지자들의 연호에 왕년에 잘 나가던 로큰롤 스타가 복귀한 무대처럼 보였다. 5060이 몰리는 트럼프 유세장과 달리 2030세대가 절반이 넘었다. 수시로 태도를 바꾸는 정치꾼들 속에서 버니가 평생 일관되게 보여 준 진보적 정책의 일관성이 젊은이들에게 어필했다는 이야기다. 진보적인 샌더스는 정신적으로는 젊다는 것과 통한다. 육체적인 나이와는 상관없이 정신적으로 젊다는 것, 이것이 미국 청년들이 샌디스를 좋아하는 비결이다."

- 샌더스를 좋아하는 청년이 많으니 미국 전

체의 분위기도 진보적이라고 할 수 있겠다.

"그렇지는 않다. 그러나 미국은 최소한 일본보다는 더 진보적이다. 물론 유럽은 이런 미국보다 훨씬 더 진보적이다. 미국의 남성 패션 잡지 『GQ』는 '지금 미국과 영국 등 서구권의 밀레니엄 세대에게 사회주의는 가장 쿨한 트렌드'라고 분석하고 있다. 또한 『뉴욕 매거진』은 '브루클린에서는 사회주의자라고 불리는 것이 가장 섹시하게 여겨진다. 특히 수입은 적지만 문화적으로는 강력한 크리에이티브 집단에서 그렇다.'라고도 전했다. 전 세계 문화 예술을 이끄는 뉴욕의 창의적인 사람들도 샌더스에게 열광하고 있다."

- 그럼 우리 사회는 어떤가?

"몇 차례의 정권 교체를 경험하고 광화문 촛불 집회로 대통령 탄핵까지 성공했으니 일본보다는 확실히 앞선 느낌이다. 그러나 이는 겉모습일 뿐이다. 대통령은 바뀌었으나 입법, 행정, 사법부 전반이 아직도 보수적이다. 정부 못지않게 영향력이 큰 언론이나 학계, 기업은 말할 것도 없다. 이런 사회에서 중도니 객관적 중립이니 하는 말은 위선이자 기만이다. 지금 절실히 필요한 것은 진보적 감수성을 가진 우파와 계속 진보에 머물 수 있는 좌파이다. 새는 좌우의 날개로 난다. 비정상적으로 비대해진 오른쪽 날개는 정상적으로 날아오르려는 새를 내리누르는 커다란 종양과도 같다. 이런 종양은 균형을 이룰 때까지 잘라내야 한다. 따라서 이 시대의 진정한 중용은 진보다. 균형을 잡으려면 많은 보수주의자들이 단 1개월이라도 진보가, 좌파가 되어 볼 필요가 있다. 나이든 사람은 물론 젊은이들도 자신의 생각과 믿음을 새로운 눈, 시대를 앞서가는 관점에서 바라볼 수 있도록 하자. 그러면서 자신의 생각을 새롭게 발전시킬 수 없는가를 고민해야 한다. 새로운 예술을 보고, 새로운 노래를 듣는 것도 좋다."

그러면서 그는 핸드폰의 유튜브로 검색한 방탄소년단BTS의 「봄날」 뮤직비디오를 보여 주며

콘서트 장의 일화를 소개했다. 70대로 보이는 아미(ARMY. BTS 팬클럽)가 보라색 불이 켜진 아미밤을 흔들며 3시간 이상 서서 10대, 20대와 함께 '떼창'을 하더라는 것이다. 그는 "어르신이라 불릴만한 분에게서 청년의 정열을 보았다"며, "아무리 나이가 들어도 이런 정신을 가진 분이 진보"라고 말했다.

2. 예술가는 왜 진보주의자인가?

보고 싶다/ 이렇게 말하니까 더 보고 싶다/ 너희 사진을 보고 있어도 보고 싶다/ 너무 야속한 시간/ 나는 우리가 밉다/ 눈꽃이 떨어져요 또 조금씩 멀어져요/ 보고 싶다 (보고 싶다) 보고 싶다 (보고 싶다)/얼마나 기다려야 또 몇 밤을 더 새워야 / 널 보게 될까 (널 보게 될까) 만나게 될까 (만나게 될까)

-방탄소년단「봄날」

방탄소년단의「봄날」뮤직비디오를 보며 대화

는 이어졌다. 「봄날」이 끝나자 김 교수는 다시 핸드폰을 들고 MC 스나이퍼의 「스카이폴」을 검색했다. "세월호가 가라앉네 눈앞에서 처참히/ 꺼내 달라 외쳤지만 사라지는 뱃머리/ 늘 철저히 묵살 돼버린 진상 규명의 목소린/ 이 시대의 자화상 가슴에 핀 슬픔 덩어리…" 유튜브에서는 잔잔하게 일렁거리는 바다와 섬을 배경으로 음악이 흘러나왔다. 빠르게 발음하는 가사는 알아듣기 어려웠지만 멜로디에는 강한 슬픔과 분노가 배어 있었다.

- 락, 힙합, K팝 등 대중 음악 콘서트에도 자주 가는가?

"젊은이들의 음악을 나이든 사람들이 듣지 말라는 법은 없다. 자주는 아니지만 때때로 콘서트를 찾고 이들의 음악을 즐긴다. 미술 창작을 하면서 심성이 왼쪽으로 이동하자 예전에는 보지 못했던 것이 보였다. 그것을 나만의 방법으로 표현하게 되면서 들리지 않았던 것들도 귀에 들어

왔다. 우아한 클래식만 듣던 내가 락과 힙합을 듣게 된 거다. 요즘은 유튜브 등이 있으니 콘서트에 못 가도 얼마든지 이들의 음악을 잘 즐길 수 있다."

– 세월호의 아픔을 노래한 것으로 보이는 「봄날」도 그렇지만, 방탄소년단의 음악에서는 한국사회의 구조적인 억압과 불평등, 편견들을 자신들의 눈으로 읽어내고 이를 표현했다고 생각하는 이들이 많다.

"그렇다. 음악을 들으면서 가사가 잘 안 들리면 찾아서 읽어보라. 느낌이 올 것이다. 신자유주의적 질서가 지배하는 오늘날 세계는 청년들에게 극심한 경쟁, 승자독식, 소외, 양극화 등을 불러오면서 끝없는 불안과 패배의식, 외로움, 절망 등을 안겨 주고 있다. 이들은 여기에 저항하며 노래를 불렀고 이것이 세계 청년들의 공감을 얻었다. 방탄소년단의 노랫말과 뮤직비디오를 가만히 보면 진보적 감수성과 떼어놓을 수 없다.

긴 세월 노력 끝에 예술을 통해서 나도 예술가의 진보적 감수성을 배우게 된 거다. 창의성을 배우기 위해 진행했던 나의 '예술가 되기 실험'은 무의식 속에 잠들어 있었던 진보적 감수성을 발견하는 계기가 되었다."

- 선 긋기에서 시작된 예술가 되기 실험이 진보적 감수성으로 이어지다니.

"사실 우리가 존경하는 저명한 예술가와 지식인의 다수가 사실은 좌파 내지는 진보주의자이다. 아인슈타인은 평생 사회주의를 지지했고 피카소는 공산당원이었다. 조지 오웰은 영국인이면서 스페인 극우정권에 대항하기 위해 스스로 총을 들고 참전까지 했다. 이 경험을 토대로 쓴 소설이 『카탈로니아 찬가』다. 마릴린 먼로와 결혼했던 극작가 아서 밀러도 사회주의자였었다. 과학자나 작가, 예술가들이 진보주의자인 것에는 모두 이유가 있다. 블랙리스트 감독 봉준호, 박찬욱이 과거 진보 정당의 당원이었다는 것도 우연이 아니다. 봉준호 감독이 한국인으로는 처음으로 아카데미 4개 부분의 상을 받은 것도 진보적인 감수성 덕분이었다고 생각한다. 미국의 영화배우들은 대부분 민주당 당원이고 공화당 지지자는 극소수다. 이는 미국의 대학도 마찬가지이다."

김 교수는 여기서 잠시 말을 멈추더니 "한국 대학의 학자들은 미국 대학과 다르게 매우 보수적"이라고 말했다. 대학 교수들이 보수적인 것이 오늘날 대학의 문제와 관계가 있는 것은 아닐까? 하긴, 우리 사회의 상층부를 구성하고 있는 이들이 보수적인 것은 어제, 오늘의 일이 아니다. 이 주제에 대한 깊은 이야기는 훗날로 미루고 대화를 이어갔다.

- 예술을 하면 왜 진보적 감수성이 생기는가?

"예술의 대전제는 틀을 깨고, 틀에서 벗어나는 것이다. 다시 말해 저항이다. 예술가는 모든 것에 저항하는 사람이다. 아카데미상 수상으로 최근 주목받는 「기생충」이나 「살인의 추억」, 「설국열차」를 비롯한 봉준호 감독 영화의 대부분도 저항 코드를 내장하고 있다. 예술가는 저항하고 분노하고 혁신을 꾀해야 한다. 기존의 질서나 체제를 넘어서야 한다. 철학자 아도르노는 엄격한 의미에서 노동자들이 부르는 민중가요까지도 혁신성이나 저항성이 부족하다고 비판한다. 내용은 저항적이지만 형식이 기존의 지배 구조를 답습하기에 간접적으로 권력에 협조한다는 것이다. 1940년대 미국을 중심으로 일었던 추상 표현주의의 창시자 중의 한 사람인 천재 화가 마크 로스코의 작품도 가만히 들여다보면 겉모습과 다르게 저항적이다. 예술을 하면 나도 모르게 진보가 되고, 진보가 되면 세상이 다르게 보이고 창의적이 된다. 진보와 창의성이 이렇게 관계를 맺으며 순환하는 것을 직접 경험한 뒤에 알았다."

그러면서 김 교수는 로스코에 대한 설명을 덧

붙였다. 정규 미술 교육을 받은 적이 없는 로스코는 40대 중반에 실험적 추상화풍을 개척하기 시작했다. 그가 '색면 추상Color Field Painting'의 대표 작가로 이름을 얻은 것은 그보다 훨씬 뒤의 일이다. 로스코의 작품은 피카소, 반 고흐의 작품과 더불어 가격이 가장 비싼 것으로 알려져 있지만 정작 본인은 자신의 작품이 비싸게 팔리는 것을 부끄러워했다. 그에게는 유명한 일화가 있다. 뉴욕 시그램 빌딩 1층에 들어설 초호화 레스토랑의 벽화를 의뢰받고서 혼신의 노력을 다해 작품을 완성한 뒤 돌연 계약금과 제작비를 모두 환불하고 작품의 인도를 거부해 버렸다. 그 뒤 그는 이렇게 말했다고 전한다. "그 호화 레스토랑에서 그렇게 비싼 음식을 먹는 사람들이라면 내 그림은 쳐다보지도 않을 것이다."

- 로스코 이야기가 나왔으니 말이지만, 그는 재벌이 좋아하는 작가가 아닌가.

"존 드 메닐이라는 거부巨富가 있었다. 로스코

의 작품을 모아 텍사스에 로스코 채플이라는 예배당이자 미술관을 만들었던 미술품 컬렉터다. 하지만 엄청난 부자이면서도 진보적이었던 그는 세상을 떠나며 이런 유언을 남겼다. '내 장례식은 검소하게 성당에서 치러 달라. 내 평생 나는 뼛속 깊이 약자의 마음으로 살았고 그들의 편이었다. 추모사는 필요 없고 장례식 진행자는 흑인이었으면 좋겠다. 내 관은 가장 값싼 나무로 해라. 장례식 음악은 밥 딜런의 「바람만이 아는 대답Blowin' in the Wind」을 부탁한다.' 스티브 잡스도 말년에 로스코에 깊이 몰두했고 로스코의 정신세계를 애플의 디자인 철학으로 삼았다고 한다. '다르게 생각하라Think different'라는 광고를 보면 알 수 있다. 한국에서는 삼성가의 리움 미술관에서만 그의 그림을 볼 수 있다. 세상에 저항한 로스코의 그림을 대기업 미술관에서 보고 그 저항 정신을 배우며 거대 자본에 대한 저항의 에너지를 느낀다. 이 얼마나 역설적인가? 작품을 볼 때 관객은 이미지 외에도 그 속에 담긴 변화의 몸부

림도 흡수하게 되어 있다. 이래서 현대미술이 재미있다. 예술가가 던지는 그 알 듯 말 듯한 검은 유머를 헤아려 보면 무시무시한 이야기가 숨어 있다."

김 교수는 이야기를 하다 밥 딜런이 나오자 노벨문학상을 받을 정도로 빼어난 가사를 쓴 것 역시 진보적인 감수성 덕분이라고 강조했다. 그러면서 생각난 듯이 다시 핸드폰을 들고 비틀즈의 존 레넌이 부른 노래 「이매진Imagine」을 검색했다. "Imagine no possessions, I wonder if you can, No need for greed or hunger, A brotherhood of man, imagine all the people, Sharing all the world… (소유가 없는 세상을 상상해 봐, 당신이 상상할 수 있을까, 탐욕을 부릴 필요도 굶주릴 필요도 없어, 인류애가 넘쳐나, 상상해 봐 모든 사람들이 세상전부를 같이 나누는…)" 노래를 들으며 한동안 멈추었다 이야기는 계속되었다.

- 흔히 좌파는 민중 예술을 하고 순수 예술은 보수나 중도적인 작가가 한다고 알고 있다.

“가장 흔한 오해다. 예술은 궁극의 지점까지 추구하면 진보적으로 변할 수밖에 없다. 정치적 급진성도 피할 수 없게 된다. 방금 들은 비틀즈도, 밥 딜런도 그렇지 않은가. 반전 가사를 담은 「바람만이 아는 대답」도 매우 진보적이지만 「이매진」은 위험할 정도로 급진적이다. 자본주의의 근원이자 핵심인 국가와 종교, 소유를 부정하고 있다. 다시 말하지만 저항은 예술의 대전제다. 그래서 모든 위대한 예술은 굉장히 정치적이다. 한때 군인이었던 도널드 저드는 진보주의자이면서 동시에 미니멀리즘의 대표적인 작가가 되었다. 그의 작품은 그냥 봐서는 추상 미술 작품일 뿐이다. 하지만 가만히 들여다보면 엄청난 개념의 힘이 들어 있다. 팽팽한 긴장이 느껴진다. 발터 벤야민이 말했던 아우라가 뿜어져 나온다. 내 편견일지는 모르겠지만 보수적인 예술가의 작품에는 이런 힘이 없다. 그래서 보수적인 작가가 취할 수 있는 가장 강력한 창작의 비밀은 정치적으로 급진좌파가 되어 보는 것일지도 모른다. 개념 미술가 로렌스 와이너가 말했다. '모든 미술은 미술가의 의도와 상관없이 정치적이다'라고. 보수적인 작가로 현재 꽤 괜찮은 작품을 만들고 있다면 정치 성향을 바꿈으로써 훨씬 더 만족할만한 새로운 작품을 만들 수 있을 것이다. 아마 그럴 것이다."

- 모든 위대한 예술은 정치적이라?

"그렇다. 다만 아닌 척할 따름이다. 존 레논의 「이매진」만 해도 가사에 대한 보수주의자들의 반발에 대비하기 위해 멜로디와 곡 분위기를 매우 부드럽게 진행했다. 멜로디가 워낙 빼어난 탓에 소유를 악으로 여긴, 급진적인 가사가 묻힌 경향도 없지 않다. 그러나 정치적 질문과 예술적 대답은 언제든 연결할 수 있다. 당연한 것으로 여기는 물질적 정신적 틀에서 벗어나 보이지 않던 길을 만들어 낼 수도 있다. 이런 것이 없으면 좋은 예술과 철학이 생겨나기 어렵다. 유럽의 철학과 예술이 빼어난 것도 그 국민의 망명 가능성에서 찾을 수 있다. 새롭고 위험한 사상을 꿈꾸었던 마르크스가 독일을 떠나 영국에서 『자본론』을 완성한 것도 그런 사례 가운데 하나다. 춘추전국시대의 다양한 사상적 풍요로움도 마찬가지다. 보라. 진나라 이후 제국이 통일되면서 경전의 해석과 주석 작업만 무한 반복되고 있지 않은가. 재미없다."

- 그러고 보니 봉준호 감독도 정치에 대한 관심을 감추지 않았던 것이 기억난다. 2012년 투표를 한 뒤 '진보신당 비례대표 1번 청소노동자 김순자 님의 당선을 기원하며 진보신당에 투표할 것'이라는 메시지를 진보신당 당원들에게 보냈다.

"정치적인 것이 따로 정해져 있는 것이 아니다. 10여 년 전 한국을 찾았던 프랑스 철학자 자크 랑시에르는 이렇게 말했다. '흔히 생각하듯 정치적인 것이란 정해져 있는 것이 아니다. 정치란 정치적인 것이 아닌 것처럼 보이는 문제조차 정치적인 것으로 만들고, 그 문제에 대해 스스로 결정을 내릴 수 있다는 집단 능력을 보여 주는 것이다. 이런 점에서 생명, 건강처럼 비정치적인 것으로 보이는 문제를 들고 거리로 뛰쳐나온 한국인들은 진정한 의미의 인민이었다.' 당시 한국에서 광우병 위험이 있는 미국산 쇠고기 수입에 반대하며 대규모 촛불 시위가 벌어진 것을 평가하는 말이었다. 랑시에르는 정치적인 것, 비정치적인 것뿐 아니라 지식인과 비지식인, 전문가와 비전문가, 전공자와 비전공자의 구분과 차별을 깨뜨리는 것이 매우 중요하다고 말했다."

- 예술적인 상상력을 현실 정치에 적용하는 것은 불가능한가?

"상상력은 예술에만 있는 것은 아니다. 현실 정치에도 있다. 2015년 4월, 스페인 마드리드에서 공공건물 주변에서 집회를 금지하는 법에 반대하는 뜻으로 홀로그램 집회를 했다. 집회의 자유가 사라진 날 스페인 사람들은 홀로그램으로 유령을 불러내서 항거했다. 이를 벤치마킹해서 서울에서 홀로그램 집회를 시도한 사람들이 있다. 이들은 집회 자유의 보장을 요구할 유령집회에 참가할 사람을 모집했고 여기에 120명이 자원했다. 이들은 직접 스튜디오에 와서 크로마키 영상을 촬영하고 목소리를 녹음했다. 2016년 2월 24일 밤 서울에서, 기자들과 시민들이 유령집회 주변으로 모여들었다. 광화문 앞 대형 투명 스크린에 그동안 모은 이미지를 투사하자 흰 유령들이 나타났다. 유령집회에 이어 박근혜 파면을 요구하는 촛불 집회가 대대적으로 이루어졌다. 촛불 집회를 회고할 때마다 시위의 순간들이 매우 창의적이고 진보적이라 가슴이 벅차오른다."

– 당신은 『벤야민 번역하기』의 본인 소개에서 '예술에서의 실험부재가 한국 정치 문제의 뿌리'라고 말했다. 그 소신도 이런 것에서 나왔는가?

"그렇다. 아무 생각이 없는 사람에게 창의적인 '나'만의 생각을 내라는 것은 무의미하다. '나'만의 생각이 나올 수 없다. '나'의 생각이라는 것이 알고 보면 내 것이 아니다. 신문이나 방송에서 얻어들은 것이다. 내 생각이 없으니 예술적인 실험이 있을 수 없고, 이는 당연히 정치 문제로도 이어진다. '나'만의 생각을 만들기 위해서는 '나'만의 생각이라고 하는 것을 버려야 한다. 신문이나 방송에서 얻은 것들로 꽉 채운 지저분한 생각들을 버려야 한다. 이런 생각을 해 본다. 5.16 쿠데타 때, 한강을 건너는 군인들 중에 '왜 한강을 건너야 하느냐?'고 질문하는 김 병장은 왜 없었을까? 12.12때 탱크를 서울로 향하며 '왜 탱크가 남쪽으로 가야 하느냐?'고 질문하는 이 중사는 왜 없었을까? 물론 이는 쿠데타를 한 장군들의 문제였지만, 여기에 질문하고 저항하는 병사, 시민들이 없었던 것도 문제였다. 그리고 이는 예술에서의 실험부재와도 직접 통한다. 생각의 피갈이, 언어의 피갈이가 필요하다."

- 생각의 피갈이, 언어의 피갈이?

"피를 바꾸는 것에 비유할 수 있을 정도로 생각과 언어를 근원적, 급진적으로 바꾸는 것을 말한다. 그리고 이는 고전을 읽는 것에서 나온다. 급진적radical이란 말은 뿌리로, 근원으로 돌아가는 것이다. 인류 사상의 뿌리이자 근원의 대표적인 것이 고전이다. 상당수 고전은 그 책이 처음 나왔던 당시 큰 논란을 불러일으킬 정도로 급진적인 것이었다. 유교 경전인 『논어』, 『맹자』에도 기독교의 『신약성경』에도 위험한 구절이 많이 있다. 사회가 진보함에 따라 급진성도 바래지게 되었지만 작가가 전달하려던 진보적 감수성은 그 책 안에 그대로 남아 있다. 고전을 읽어도 이해가 안 되는 부분이 많을 것이다. 여기서도 적당히 이해하고 넘어가면 안 된다. 의문을 가지고, 긴 시간을 들여 궁구해야 한다. 위대한 고전 한 권에는 자기계발서 100권을 읽어도 알 수 없는 중요한 것들이 담겨 있다."

- 생각의 피갈이를 위해 어떤 고전을 어떻게 읽었는가?

“발터 벤야민의 책 『역사철학테제』를 읽은 이야기를 하겠다. 인문학에 관심을 두며 이 책을 처음 읽었는데, 도무지 무슨 말인지 알 수 없었다. 혹시나 해서 영어로 읽어도 이해되지 않았고, 독일어를 배워 독일어로 더듬더듬 읽어도 완전히 이해할 수 없었다. 라틴어를 배우고, 그리스어를 배우고 횔덜린의 시를 독일어로 공부해도 벤야민은 여전히 안개 속이었다. 마르셀 프루스트의 『잃어버린 시간을 찾아서』, 도스토예프스키의 『카라마조프가의 형제들』, 허먼 멜빌의 『모비딕』 등을 읽은 뒤에도 마찬가지였다. 온갖 언어를 배우며 책을 읽다 급기야 이탈리어어로 된 단테의 『신곡』과 포르투갈어로 된 페르난두 페소아의 시 여러 부분을 한국어로 번역했다. 그때까지 도무지 보이지 않던 벤야민의 비의秘意가 확 다가든 것은 그 즈음이었다. 그때까지 난해하기만 했던 프랑스 철학자들의 저서들도 읽히기 시작했다."

– 하지만 아무나 라틴어, 독일어, 그리스어, 라틴어, 이탈리아어를 배울 수 없는 노릇 아닌가? 영어 하나만으로도 스트레스 받는 이들이 대부분인데….

"원론적으로 말해 스피노자의 『에티카』를 3년, 5년 공부해도 라틴어를 모르면 이해에 한계가 있을 수밖에 없다. 마찬가지로 독일어를 모른 채 칸트와 헤겔 니체 하이데거를, 프랑스어를 모른 채 들뢰즈와 푸코 라캉을 온전히 알긴 어렵다. 철학을 공부하기 위해 철학서만 읽어서도 안 된다. 고급의 시와 소설을 포함한 문학과 음악, 미술 등의 예술을 알아야 철학을 깊이 이해할 수 있다. 프루스트의 『잃어버린 시간을 찾아서』를 읽지 않은 채 들뢰즈의 철학을 제대로 이해하기 어렵다. 물론 단 하나의 외국어도 능통하는 것은 정말 어렵다. 그러나 어느 정도만 노력하면 초중급이나 중급까지는 이를 수 있다. 나는 『역사철학테제』 한글 번역판을 읽다 꽉 막혔을 때 독일어를 배워 막히는 부분을 독일어로 읽었다. 반 페이지를 읽기 위해 새까맣게 사전을 찾으며 한나절이나 걸렸다. 그럼에도 한글이나 영어로 읽었을 때와 달랐을 뿐 아니라, 다른 부분의 의문도 많이 해소되었다."

- 보통 사람에게는 여전히 꿈같은 이야기다. 당신은 공부가 직업인 학자니까 가능하겠지만, 설령 학자라도 폭넓게 공부하기는 어려운 것이 현실이다.

"일단 공부하는 분들에게 말하겠다. 할 수 있다면 다양한 것을 폭넓게 공부하라. 나는 경제학으로 박사 학위를 받고 대학에서 경제학을 가르치지만 사회학, 언어학, 신문학, 문학, 역사학 등에서도 논문과 글을 썼다. 철학과 예술을 공부했고 외국어도 열 개 이상 익혔다. 물론 모든 것을 깊게 공부할 수는 없었다. 산스크리트어나 팔리어, 아랍어처럼 배우는 데 실패한 언어도 있고,

그리스어처럼 초급을 면치 못한 언어도 있다. 나머지 언어도 대체로 초중급이나 중급 정도를 했다고 할까? 게다가 공부하고 몇 년 지나니까 많은 언어의 단어들을 잊어버리고, 동사 변화들도 헷갈렸다. 하지만 이것이 시간낭비라고는 생각하지 않는다. 이 모든 것들이 알게 모르게 내 학문적, 예술적, 정치적 통찰력을 기르는 데 큰 도움이 되었다. 물론 내게 전문가 수준 이상으로 깊이 파고든 분야도 있다. 그것이 내게는 미술이었다. 희한한 것이, 한 분야를 깊이 파고들어 통하니까 다른 분야도 확 깊어졌다. 각 예술을 깊이 파고들면서 예술 전반뿐 아니라 인문학과 사회과학, 정치와 경제 사회 전반에 대한 통찰력도 폭넓게 깊어졌다."

– 아, 그것도 쉽지 않아 보인다.

"이야기를 시작했으니 계속하겠다. 사람들은 흔히 책을 읽다가 모르는 부분에 부딪히면 적당히, 편한 답을 선택한다. 마음이 급해, 또는 무지의 상태를 참지 못해서다. 그러나 나는 다른 말을 하고 싶다. 섣불리 답을 선택하지 말라는 것이다. 가볍게 답이 떠오르는 순간, 그 답을 억누르라는 것이다. 겉모습을 이해해도 모르는 척하기. 물론 이는 쉽지 않다. 하지만 무지에 대한 의문과 절박함으로 끝까지 밀어붙이면 갑자기 새롭고 크고 근원적인 질문이 나타난다. 이 질문에는 선택을 할 필요가 없어진다. 유일한 답밖에 없기 때문이다. 힘들게 답을 찾을수록 깨달음은 강렬해진다. 사실 답은 처음부터 있었다. 우리는 작은 질문, 거짓 질문에 갇혀 나만의 큰 질문, 진짜 질문을 몰랐을 뿐이다. 그래서 질문은 답보다 중요하다. 절박하고 진정한 나의 큰 질문은 작은 질문 앞에서 섣부른 선택을 멀리하며 내가 만든 것이다. 아니, 이것도 내가 만들었다고 할 수 없다. 본래 거기 있는 것을 내가 발견한 것뿐이다."

어쩐지 선문답을 하는 듯싶더니 역시였다. 김 교수는 종이에 '지도무난 유혐간택至道無難 唯嫌揀

擇'으로 된 『신심명信心銘』의 첫 구절을 적었다. '지극한 도는 어렵지 않으니 오직 선택을 멀리하라.'는 뜻이었다. 『신심명』은 중국 선종의 3조 승찬이 선禪의 요체를 사언절구四言絶句로 적은 게송이다. 『금강경』, 『육조단경』, 『벽암록』 등과 더불어 선불교에서 가장 중요한 책 가운데 한 권이다. 한 분야에 깊이 통하면 다양한 분야에 통한다는 말을 할 때부터 선불교의 수행 분위기가 없지 않더니 이야기가 여기에 이르렀다. 결국 공부도 수행자들이 정진하며 깨달음을 구하듯 치열하게 해야 한다는 뜻일까? 하나의 분야에 대한 깊은 공부도, 깨달음도 얻기 힘든 보통 사람은 무엇을 어떻게 해야 할까? 그는 보통 사람을 위한 답을 준비하고 있기나 한 것일까?

3. 투표만으로 진보주의자가 될 수 있다

다양한 분야를 공부하라. 창의성을 기르기 위해 예술적인 실험을 해 보라. 여러 언어를 익히라. 특히 한 분야는 깊이 공부하라. 고전을 읽으라. 작은 질문에서 섣불리 답을 찾지 말고, 큰 질문을 찾으라, 질문이 답보다 중요하다. 그리고 무엇보다 진보주의자가 되라….

지금까지 대화에서 그가 한 말의 요지다. 그러나 직업적으로 공부하는 사람이 아니라면, 이 말 가운데 어느 하나도 실천하기 만만한 것이 없다.

그나마 학생이거나 물리적, 정신적으로 여유가 있는 사람은 실험이라도 할 수 있다. 그러나 직장이나 일상의 여러 일에 치어 시간을 내기 어려운 사람이 여러 언어를 공부하거나 고전을 치열하게 읽으며 구도하듯 공부하는 것은 쉽지 않은 일로 보였다. 희귀한 외국어를 배울 만한 곳이나 이를 가르치는 선생을 찾는 것도 어려워 보였다.

- 적잖은 보통 사람들에게 현실성이 떨어진다. 여러 언어를 공부하라고 했는데 라틴어, 희랍어, 히브리어 같은 것만 해도 가르치는 곳을 찾기 쉽지 않다.

"그럴 것이다. 공부할 때 선생이 반드시 필요한 건 아니다. 선생이 있으면 여러 가지로 좋겠지만 혼자 공부하는 것도 가능하다."

- 그래도 수재가 아니라면 배우지 않고 외국어를 익히는 것은 어렵지 않은가.

"그건 사실이다. 대부분 사람들의 의지가 혼자

서 외국어를 익힐 정도로 강한 것은 아니기 때문이다. 그래서 나도 외국어를 배울 때 대안연구공동체나 철학아카데미에 다녔다. 그리스어, 라틴어. 독일어, 프랑스어 등은 이곳에서의 배움과 독학을 병행했다. 『신약성경』을 읽기 위해 성서 그리스어(코이네 헬라어)와 히브리어를 배운 곳은 대안연구공동체에 개설된 신학자의 강좌였다. 가르칠 사람이 있는 것도 좋았지만, 같은 길 걷는 동료가 있다는 것은 이 곳의 더 큰 장점이다. 하지만 그래도 분명히 해야 할 것은 있다. 가르치는 사람이 없다고 외국어를 익힐 수 없는 것은 아니라는 것이다. 나는 포르투갈어나 이탈리아어는 혼자 공부했다. 찾아보면 영어나 기타 외국어를 혼자 익힌 사례는 흔하다."

- 예술적 감각을 기르기 위해 보통 사람에게도 옆으로 선 긋기가 도움이 될까?

"내게는 이것이 큰 도움이 되었다. 그러나 이 또한 쉬운 것만은 아니다. 내게 그런 것이 가능

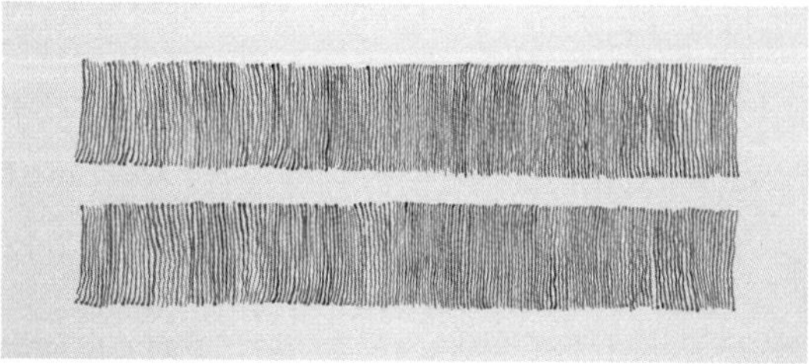

선 긋기로 만든 작품.
김재준, 무제 untitled(2004)

했던 것은 절실함이 있었기 때문이다."

그는 함께 이야기를 듣던 이들에게 미리 준비한 A4용지와 뾰족하게 깎은 연필을 주었다. 그리고 옆으로 선을 그어 보라고 했다. 똑바르면서도 가능하면 윗선과 그 아래 선이 닿을락 말락 빽빽하게, 천천히, 긴 호흡과 함께…. 김 교수의 말소리로 두런두런하던 방이 일순 조용해졌다. 선 긋기는 생각보다 어려웠다. 3분도 지나지 않았는데 온갖 생각이 머리를 스쳤다. 이렇게 해서 나도 예술가가 될 수 있을까? 5분 쯤 지나자 함께 선 긋기를 하던 사람들이 한숨을 내쉬기 시작했다.

– 이거, 생각보다 쉽지 않다. 선 긋기는 나중에 다시 해보기로 하고, 이제 창의성 이야기를 하자. 당신의 이력을 보면 창의성도 강의한 것으로 되어있다. 혹시 창의성 훈련을 위한 특별한 방법이라도 있는가?

"감각을 예민하게 훈련하는 것을 사례로 들어보자. 주위 사람들에게 이런 질문을 하는 것이다. 예를 들어 사람들과 카페로 들어가 옆에 있는 사람이 에스프레소를 주문하면 이렇게 물어보라. 넌 왜 에스프레소를 주문하니? 주문할 때 미리 생각하고 주문하니? 아니면 습관적으로 시키니? 에스프레소가 정말 맛있니? 이거 쓰기만 한 것 아냐? 맛이 좋다기보다 향이 좋아 마시는 것은 아니니? 습관처럼 커피를 마시는 것이 지루하지 않니? 커피가 입에 들어갔을 때 떠오르는 이미지가 뭐니? 커피가 입에 들어갈 때의 이미지를 시각적으로 묘사할 수 있어? 미각, 후각에만 집중하는 것은 아니니?"

- 이렇게 물으면 친구들이 슬슬 피할 것 같은데, 이런 것은 왜 묻는가?

"당연하게 여겨온 것들을 낯설게 하기 위해서다. 당연한 것에서는 새로운 것이 나오지 않는다. 낯설게 만들기 위해서는 끊임없는 질문이 필요하다. 이 때문에 잠시 왕따가 되어도 좋다. 이런 질문을 반드시 친구에게 해야 하는 것도 아니다. 예를 들어 집에서 TV로 축구 경기를 본다면 이런 생각도 해 보라. 왜 축구는 한 골을 넣으면 1점일까? 발로 넣는 슛이 1점, 헤딩으로 넣거나 페널티 에어리어 밖에서 넣는 슛이 2점이면 안 되나? 오프 사이드가 없으면 경기 진행이 어떻게 바뀔까? 드로잉이 없이 모든 것을 발로 해결한다면 선수들의 행동은 어떻게 변할까?"

- 창의력에서 낯설게 하기가 중요하다는 것은 무슨 뜻인지 알겠다. 오래 전 이야기인데, 한 신문기자 후배가 처음 법정에 가본 뒤 놀랐다. 피고와 검사가 유죄 여부를 다투는데 검사석이 높

은 곳에 자리 잡고 있는 것이었다. 모두들 당연히 여기는 이 구조에 후배는 이의를 제기하는 기사를 썼고 나중에 재판정의 구조가 바뀐 것으로 알고 있다.

"그렇다. 위에서 TV로 축구 경기를 보며 하는 생각에서도 이미 창의적인 무언가가 담겨 있다. 발로 넣는 슛이 1점, 헤딩으로 넣거나 페널티 에어리어 밖에서 넣는 슛이 2점이면 어떨까? 드로잉이 없이 모든 것을 발로 해결한다면 선수들의 행동은 어떻게 바뀔까? 라는 의문이 그것이다. 그래서 질문, 의문이 중요하다. 모든 새로운 것은, 우리에게 익숙한 기존의 질서나 체제에 의문을 제기하는 것으로 시작한다."

- 낯설게 하라, 질문은 답보다 중요하다….

"앞선 대화에서 큰 질문을 하라는 이야기를 했다. 다시 말하지만 선부른 선택을 하기 전에 멈추어라. 그리고 큰 질문을 찾아라. 답은 이미 정해져 있다. 창의성도 같은 맥락에서 생각할 수 있다. 질문이, 의문에 대한 압박이 극에 이르면 광야에서 나를 부르는 소리가 들린다. 사실 우리가 흔히 질문이라고 하는 것도 '나'의 질문이 아니다. 사회 전체가 강요하는 틀, 그러니까 '우리'의 질문이다. 여기서 선택을 하는 것은 사회의 틀에 복종하는 것을 의미한다. 이런 선택을 거부하고 성찰하면 그 전에는 존재하지 않던 '나'의 질문이 만들어진다. 큰 질문을 발견하면 우리를 가두고 있는 법적, 정신적 틀 밖으로 뛰쳐나가는 행동이 나온다. 진정한 저항은 단순한 거부를 넘어 새로운 저항의 형식을 만드는 것이다. 이것이 예술이고 이것이 창의성이다. 모순과 역설 속에서 나오는 예술, 창의성."

- 모순과 역설의 예술이라.

"흔히 예술가들은 창의성을 이야기하며 독창적인 작품을 만들려고 애쓴다. 하지만 이렇게 해서 창의성이 길러지지는 않는다. 창의적인 작품을 만들려고 하는 순간 쓰레기가 된다. 창의성의 비밀은 창의성에 저항하는 것이다. 뒤샹이 그랬다. 내 작품은 내가 만든 것이 아니다. 예술 작품은 주어지는 것이라는 이야기다. 사르트르도 말했다. 내가 좋은 작품을 만들 수 있었던 것은 신이 나를 선택한 덕분이라고. 그런데 알다시피 사르트르는 무신론자다. 그러니까 그가 말하는 신은 허구다. 하지만 진정한 믿음은 허구를 믿는 것이다. 그러니까 좋은 작품은 믿음의 문제, 용기의 문제다. 끝이 보이지 않는 심연으로 자기를 던지기, 한번 죽어보기. 이게 없으면 작품이 나오지 않는다."

- 진정한 믿음은 허구를 믿는 것이다. 어디서 많이 들어본 말 같다.

"미국 시인 월리스 스티븐스의 시 구절이다. '궁극적인 믿음은 허구에 대한 믿음이어야 한다 The final belief is to believe in a fiction.' 이 시를 더 극단으로 끌고 가면 영국의 철학자 사이몬 크리츨리 말이 나온다. 조금 길지만 인용해 보겠다. '내 생각에는 정치와 법률과 종교의 영역에는 허구만이 있을 뿐이다. 하지만 나는 이것이 약함을 보여주는 것은 아니라고 생각한다. 오히려 강함의 가능성을 보여 주는 증거가 될 수가 있다. 내가 강조하고 싶은 것은 픽션과 사실과의 간극이 아니라 "픽션" 과 "최고의 픽션" 사이의 차이이다. 역설적으로 최고의 픽션은 우리가 그것이 허구라는 것을 아는 픽션이다. 그저 그 뿐이지만 우리는 그럼에도 불구하고 그것을 믿는다. 최후의 믿음은 우리가 허구라는 것을 아는 그 허구를 믿는 것이다. 오직 그것뿐이다. 또 하나의 추가적인 비밀이 있다. 그것은 그 믿음이 허구라는 것을, 거짓이라는 것을 알면서도 그것을 기꺼이, 자발적으로, 의심 없이 믿어 보는 것이다.'"

- 아멘! (웃음) 그런데 이야기가 또 추상적으로 흘렀다. 더 구체적이고 현실적인 이야기로 돌아가자.

"좋다. 지금까지 익숙했던 것에서 벗어나는 방

법이 하나 더 있다. 언어가 아닌, 시각적 이미지를 활용하는 것이다. '마누라, 자식 빼고 다 바꿔 보자.' 1993년 삼성그룹 이건희 회장이 프랑크푸르트 임직원 회의에서 한 이른바 신경영 선언은 웬만한 한국인이면 모두 알 만큼 유명하다. 그러나 이는 사실상 실패했다. 임직원들의 타성이 쉽게 바뀌지 않았던 탓이다."

- 진보주의자 되기를 다루는 책에서 이건희 회장 이야기를 하니 재미있다. 어쨌든 그 뒤 삼성은 크게 도약하며 세계적인 기업이 되었으니 이 선언이 효과가 있었다는 것인가?

"효과가 없다고 할 수는 없지만 성공했다고도 할 수 없다. 1995년 만든 무선전화기에서 불량률이 10%가 넘고 소비자들의 항의 전화가 빗발쳤다. 그러자 그는 또 다른 극약 처방을 내놓는다. 15만대, 500억 원어치의 무선전화기를 운동장에 쌓아 놓고 망치로 때려 부순 뒤 불로 태우는 화형식을 치른 것이다. 또한 사장단 회의에서 그는 불량 제품들을 긴 테이블에 올려놓고 망치로 하나하나 내리치며 걸어 나갔다고도 한다. 그냥 말로 하지 왜 그랬느냐고? 말로는 안 되니까 고육책으로 그랬다는 것이 경제신문 기자들의 말이다. 이런 얘기를 들으면 어떤 생각이 드는가? 각자의 해석이 다 다르겠지만 나는 그가 '고비용의 행위 예술'을 했다고 생각한다. 효율적인 시각적 행동은 천 마디 말보다 훨씬 큰 효과를 낳는다."

– "백문百聞이 불여일견不如一見"이라는 말이 생각난다. 뉘앙스가 좀 다른 것 같긴 하지만.

"창의성이란 끊임없는 변환transformation을 의미한다. 즉 일상의 체험을 이미지로, 그 이미지를 언어로, 그 언어를 다시 이미지로, 그 이미지를 다시 몸의 움직임으로 변환하는 것. 이런 변환이 자유자재로 이루어질 때 우리는 생각의 자유로움을 얻을 수 있다. 창의성의 또 다른 비밀은 여기에 있다. 우리는 거의 무의식적으로 일상을 반복하며 살아간다. 늘 다니던 길을 다니고, 늘 먹던 음식을 먹고, 늘 입던 옷을 입으며 주의 깊게 관찰하지는 않는다. 이제부터라도 모든 것을 낯설게 만들어 보자. 낯선 길을 찾아 출퇴근하고, 안 가 본 동네에 가서 새로운 음식을 먹어 보고, 새로운 스타일의 옷을 입어 보자. 이런 것들이 쌓이면 생각이 변화하는 것을 실감할 것이다. 바로 그때 당신은 무언가 새로운 것을 자신도 모르게 만들고 있을 것이다."

- 지금까지 예술가 되어 보기, 고전 읽기와 외국어 공부, 창의성 등에 대해 이야기했다. 이제 진보주의자 되기를 이야기할 차례다. 앞선 대화에서 보수는 정신의 노화라고 말했지만 진보나 보수는 한 인간의 가치 체계이자 신념이기도 하다. 좀처럼 바꿀 수 없다는 이야기다. 예술을 하면 자신도 모르게 진보가 된다는 말을 했지만, 모든 사람에게 예술을 하라고 권할 수는 없는 노릇이다. 평범한 사람이 정신의 노화를 극복하고 진

보주의자가 되려면 무엇을 어떻게 해야 하는가?

"아주 간단하다. 진보 정당에 투표하는 것이다."

– 헉, 진보 정당에 투표하는 걸로 진보적 감수성이 생긴다고?

"놀라지 마시라. 그렇게 반문할 줄 알았다. 진보주의자가 되기 전부터 진보 정당에 투표부터 하다니, 말이 안 된다고 생각할 것이다. 당연하다. 투표는 보통 사람들이 할 수 있는 가장 결정적인 의사 표현 수단이자, 가장 중요한 정치 참여 행위다. 진보 정당에 투표하라고 하는 것도 이 때문이다. 예술을 할 때도 그렇지만 여기서도 변화와 낯설게 하기, 다르게 생각하기가 중요하다. 단 한 번이라도 어렵고 중요하고 극단적인 선택을 해 본 사람과 그렇지 않은 사람의 차이는 크다. 세상을 보는 눈이 다르다. 어찌 보면 진보 정당에 대한 투표는 가장 간단한 행위지만, 진보주의자가 되기 위한 가장 극단적인 행동이자 진보주의자로서의 첫 걸음이기도 하다. 앞서도 이야기했지만 예술가가 되기 위해서도 진보주의자가 되어야 한다."

- 상류층, 예를 들어 상위 10%에게도 이런 처방이 통할까?

"당신이 만약 1% 상류층이라면 자기 계급의 이익을 지켜 주고 대변하는 보수 정당에 투표하는 게 맞겠지. 이런 사람은 진보주의자 되기를 포기하면 된다. 내가 지지하는 정당이 바로 나의 삶의 가치관을 밝히는 것이기 때문이다. 하지만 상류층이라고 하더라도 자신의 것을 좀 내려놓고 합리적인 사회가 되기를 희망하는 사람은 진보 정당에 투표하는 것이 맞다. 특히 당신이 상위 10% 계층이라면 미국에서 민주당 지지자가 왜 동부와 서부에 집중돼 있는지, 공화당 지지자가 왜 중남부 저소득 백인 밀집지역에 많은지 생각해 보기를 권한다. 그리고 이런 미국보다 유럽이 훨씬 더 진보적인 이유도 생각해 보라. 적어도 겉으로 드러나는 보수의 가치가 능력에 따른 사회, 내 것 지키기라면 진보의 가치는 이웃과 함께 살기, 즉 연대다. 우리나라만큼 1인당 국민소득이 높으면서도 우리만큼 복지가 뒤떨어진 나라도 드물다. '손에 쟁기를 잡고 뒤를 돌아보는 자는 하나님의 나라에 합당치 아니하니라.' 『신약성경』의 「누가복음」에 나오는 구절이다. 제자가 되어 자신을 따르겠다고 하면서도 먼저 가족과 작별하게 허락해 달라고 하자 예수가 한 말이다. 다른 삶을 살기 위해서는 기존의 낡은 것과 과감하게 결별하라는 말이다. 새로운 삶을 위해서는 상류층이라 할지라도 더 가지고 싶은 욕심을 내려놓고 기존의 것들과 단호하게 결별해 볼 필요도 있다. 그 이하 계층이라면 더 말할 것도 없다."

– 내가 보수라면 이렇게 말할 것이다. '어이 좌빨, 너나 잘해. 너나 보수 정당에 투표하고 보수가 되어 봐.' 일단 진보 정당에 투표부터 하라고 하면 50~60대 이상 세대에서는 분노하며 주먹

을 쥐고 달려들지도 모른다.

"그럴 수도 있다. 현재 대한민국 국민 중 60대 이상은 후진국, 30~50대는 중진국, 30세 이하는 선진국에서 자라며 의식이 형성되었다. 세대 갈등이 있는 건 당연하다. 후진국과 중진국에 태어나 살며 의식을 형성해 온 시각으로 현실을 보는 나이든 세대는 지금의 모습이 여러 가지로 불안하고 혼란스러울 것이다. 사회가 민주화되었으나 어린 시절부터 반공 보수 교육을 받고 자랐으니 그럴 수밖에 없다. 이들에게 진보가 되라면 분노할 수도 있다. 그러나 이제 한국은 아시아에서 가장 민주화했으면서 국민소득이 3만 달러에 이르는 선진국이다. 최하위 계층을 제외하면 배고픔과 빈곤에서는 벗어났다고 할 수 있다. 이런 시대를 제대로 살기 위해서는 이 시대에 맞는 정신적 풍요와 이를 위한 진보적 감수성이 필요하다. 진보적인 감수성을 가지면 저절로 예술, 문학, 철학, 역사 등의 인문학에도 관심을 가지게 된다. 그래서 특히 나이든 세대에 간곡하게 권한다. 단 한 달 만이라도 진보주의자가 되어 보시라. 방법은 진보 정당에 투표하는 것이다."

- 나이가 들면서 진보에서 보수로 가는 사람은 많이 봤지만 보수에서 진보로 가는 사람은 별로 본 적이 없다.

"대다수 현실은 그렇다. 육체가 늙으니 정신도 늙는 것이다. 이걸 바꾸어보자는 것이다. 찾아보면 사례는 많다. 독일의 노벨문학상 작가인 토마스 만을 잘 알 것이다. 마흔 안팎까지 그의 문학 기조는 낭만적 보수주의였다. 그래서 프랑스에서 시작된 민주 혁명 사조가 독일에 들어오는 것을 극력 반대했다. 그러나 1차 세계대전이 끝난 뒤, 『마의 산』을 쓴 뒤의 그는 진보, 즉 공화주의자로 변신한다. 특히 히틀러가 등장하자 그는 사회민주주의 정당과 손잡고 나치에 대항할 것을 호소한다. 히틀러가 집권하자 미국으로 망명했고 독일 시민권도 박탈당했다. 그는 보수에서 진보로, 지성知性에서 신성神性으로 노년까지 끊임

없이 정신적 변화를 추구했다. 그리고 세상을 떠나기 전, 분단 조국에 대해 '나에게는 동서독 간의 분계선이 없다. 오직 독일 땅, 한 덩어리의 독일 땅이 나에게는 있을 뿐이다'라고 절규했다."

– 진보 정당에 투표만 하면 진보주의자가 되는가?

"투표는 진보가 되기 위한 가장 중요한 행위이면서 출발점이기도 하다. 출발점이니까 당연히 여기서 더 나아갈 필요가 있다. 지금까지 보수 신문을 봤다면 진보 신문으로 바꾸고, 보수 팟캐스트나 유튜브를 들었으면 진보 팟캐스트나 유튜브를 들을 수도 있다. 처음에는 불편할 수 있지만 조금 더 들으면 진보는 진보대로의 주장이 있음을 이해하기도 할 것이다. 그리고 재미있어질 것이다. 물론 이들의 주장을 받아들이기 어려울 수도 있다. 하지만 지금까지 보고 듣던 보수 신문, 유튜브, 팟캐스트와 이제부터 보고 듣는 것들을 비교, 검토하며 합리적으로 판단하려 애쓰는 것만으로도 충분히 의미가 있다. 지금까지 태극기 집회와 같은 보수 집회에 나갔다면 진보 집회에 나가보는 것도 좋다. 처음에는 이런 집회가 낯설고 어색할 테니 멀찍이 서서 구경만 해도 좋다. 그러면서 양쪽 주장 중 무엇이 근거가 있고 합리적인지 객관적으로 판단하는 것에서 시작하면 된다."

- 이런 실험을 하다 자칫 기왕의 인간관계에 파탄이 올 수도 있겠다.

"오히려 장점도 많다. 특히 만약 당신이 60~70대 이상이라면 그동안 진보적인 자녀들과 소원했던 관계가 살아나고 서로를 이해하게 될 것이다. 단순히 진보주의자 되기를 연습하는 것만으로 특별한 추가 조치 없이 가정의 평화, 가족의 화목이 가능하다는 것이다. 젊은 친구들과 대화도 훨씬 더 풍요로워질 것이다. '틀딱'이니 '꼰대' 같은 말로 은근히 당신을 비하했던 청년들도 눈을 비비고 다시 볼 가능성이 크다. 그러니 나이 들면서 커졌던 소외감이나 분노도 줄어들 것이다. 물론 젊은 친구와 제대로 대화하려면 말을 하려고 하기보다 경청하려 애쓰는 것이 중요하다. 하지만 당신이 보수 대형 교회의 신도이거나 대기업 직원이라면 '진보 실험을 하고 있다'는 말을 공공연하게 할 필요는 없을 것이다. 이때는 기독교인들 사이의 유대인 같이 행동하면 된다. 심각해지지 말고 마음을 가볍게 하라는 뜻이다. 약간의 왕따를 감수하는 것도 나쁘지 않다. 소수자가 되어 다른 눈으로 세상을 보면 그동안 안 보이던 것이 보이고, 사는 것이 몹시 흥미로워진다. 유대인들이 창의적인 이유도 소수자의 위치에서 세상을 보기 때문이다."

- 진보 정당에 대한 투표로 진보주의자가 되는 것은 그렇다 치자. 하지만 암만 생각해도 보수주의자가 진보 정당에 투표하는 것은 꿈같은 이야기다.

"'계란으로 바위 치기'라는 말이 있다. 크고 단

단한 바위와 그 바위에 부딪쳐 깨지는 계란. 상식이 있는 사람이라면 당연히 바위의 편이 될 것이다. 그러나 바꾸어 생각해 보라. 얼마나 분하고 답답하면 자기 몸이 깨질 것을 분명히 알면서도 바위에 몸을 던지겠는가. 진보적 감수성과 인간적 공감 능력이 있는 사람이라면 바위가 아무리 크고 단단하고, 또한 계란이 무리한 것을 요구한다고 해도 계란 편에 서서 사태를 파악할 수 있어야 한다. 경우에 따라 현재로서는 누가 옳고 그른가를 판단하기 어려울 수 있다. 궁극적으로 무엇이 옳고 그른지는 나중에 다시 판단하면 된다. 그건 시간일 수도 있고 훗날의 역사학자가 될 수도 있다. 갑을 관계와 마찬가지로 기득권자라는 말도 상대적이다. 진보주의자가 된다는 것은 기득권자인 바위의 편이 아니라 일단 소수 약자인 계란의 편이 되어 보자는 말이다. 지금의 나는 기득권에 속한 바위일 수 있지만 한순간 계란으로 전락할 수도 있다. 특히 예술가로서 어떤 이유에서건 바위의 편에 서서 작품을 만드는 사람이 있다면 그런 작품은 가치가 없다."

대화를 잠시 쉬며 김 교수는 무엇보다 중요한 것은 '결정적인 순간의 행동'이라고 강조했다. 가장 중요한 것은 진보적인 정당에 투표하는, 결정적인 순간의 행동이라는 말이었다. 그는 "이런 행동만으로 거짓말처럼 진보주의자가 되고 생각이 젊어질 것"이라고 자신했다. 이런 행동과 생각의 피갈이 언어의 피갈이가 쌓이면 예술을 보는 눈과 창의성이 생기는 것을 실감할 것이라고도 했다. 과연 그럴까? 끝까지 의혹의 눈길을 거두지 않는 상대에게 그는 진보 정당에 대한 투표는 역사에 대한 책무이자 속죄라고 말했다. 그러면서 이에 대해 좀 더 대화를 나누어 보자고 제안했다.

4. 진보주의자가 되는 것은 역사적 책무다

대화를 시작하기 전에 미리 밝혀두자. 이번 주제 역시 진보였지만 앞서 이야기한 것과 방향이 달랐다. 지난 대화들이 진보와 예술, 인문학, 창의성, 정치 등과의 관계를 다루었다면 이번 대화는 대규모 학살로 얼룩진 근현대사와 우리가 짊어진 역사의 채무에 대한 이야기였다. 김 교수는 미국 대학 도서관에서 처음 접한 한국 근현대사와 4.3사건으로 이야기를 시작했다. 제주 4.3사건은 1978년 작가 현기영의 중편 「순이 삼촌」에서 잠시 언급되었을 뿐 1980년대까지는 엄격하게 금기시된 주제였다. 시인 이산하가 장편서사시 「한라산」으로 4.3사건의 진상을 적나라하게 폭로하고 수배생활을 시작한 것이 전두환 집권 마지막 해인 1987년이었다. 그러니까 그때까지 4.3사건은 일부 운동권 학생들 사이에서만 알려졌을 뿐 그 구체적인 내용은 입에 올리는 것조차 금지됐던 시절이었다.

- 유학 시절 코스워크 하랴, 학위 논문 쓰랴, 문학과 예술이며 창의성 공부하랴 바빴을 텐데 한국 근현대사와 4.3사건은 어떻게 접했는가?

"당시 미국 프린스턴대에 유학중이던 나는 그 대학 동아시아 연구과정에 부속된 동아시아 도서관에 자주 가게 되었다. 일본 경제가 유례없는 호황을 누리면서 『일본이 최고다Japan as number one』 같은 책이 인기를 끌 때였다. 도서관에 소장된 도서는 중국과 일본 책이 대부분이었다. 그러나 정보기관의 검열로 한국에서는 접할 수 없었던 한국 도서와 신문, 잡지들도 많이 있었다. 여기서 한국 근현대사를 읽으며 크게 놀랐다. 뒤늦게나마 4.3 사건의 소상한 내용을 알게 된 것은 좀 더 훗날 연구년으로 갔던 스탠포드대 도서관에서였다. 이 사건으로 민간인이 3만 명이나 학살되었다는 사실을 알고 충격을 받았다."

제주 4 · 3사건은 1948년 4월부터 1954년 9월까지 경찰과 군인, 우익단체가 민간인을 집단으로 학살한 사건이다. 현재 제주 4 · 3평화공원에 1만4256기의 위패가 모셔져 있지만 연구자들은 대체로 2만5000명~3만 명의 민간인이 학살된 것으로 추정한다. 이는 제2차 세계대전 이후 전쟁을 제외하고 대규모로 민간인을 집단 학살한 첫 사건이다. 당시 이승만 정부는 남로당을 소탕한 것이라고 했지만 당시 남로당원은 350여 명에 지나지 않았다.

- 1980년대에야 4.3사건이 금기어였지만 지금은 웬만큼 알려져 있다. 그럼에도 여기서 이를

특별히 언급하는 이유는 무엇인가?

"현재 국내 보수 세력의 뿌리와 정체를 말하기 위해서다. 그리고 역사의 채무를 강조하기 위해서다. 알려졌다시피 4.3사건에서 죽은 사람의 대부분은 경찰과 군인, 우익단체에게 학살된 민간인이었다. 우익청년단은 주로 평안도에서 월남한 서북청년단이 주축을 이룬 기독교인들이었다. 이들이 중심이 되어 세운 교회가 영락교회 같은 보수교회이다. 이 교회와 이승만의 양자가 제주 4.3사건과 관련해 법정 다툼 등을 벌인 것도 이런 역사와 관련돼 있다. 내가 읽은 자료에 따르면 미국도 당시 4.3사건을 묵인했거나 그 배후세력이었고, 그 책임에서 자유롭지 못하다. 이제 이 사건은 대부분 알려져 있지만, 보수주의자 가운데는 아직도 여기에 눈을 감고 있는 사람도 많다. 역사를 알아야 하는 것은 우리 모두의 책무다."

- 시작한 김에 4,3 이외의 근현대사에서 일어

났던 대규모 학살도 일별하자.

"나치 독일이 아우슈비츠를 비롯한 수용소에서 유대인 등을 대량 학살한 것은 전대미문의 사건이다. 그런데 한국에는 이미 아우슈비츠 이전에 이를 방불케 하는 대규모 학살이 있었다. 동학농민전쟁, 만주 항일 독립군과 그 지역 민간인 학살 등이 그것이다. 독일인이 유대인을 비롯한 다른 민족이나 장애인을 학살했다면 한국에서 일어난 비극은 동족을 학살한 것이었다. 여러 가지 학설이 있지만 동학농민 전쟁에서의 학살 규모는 대략 30만~50만 명으로 추정한다. 전쟁에 참여한 농민군은 말할 것도 없고, 전쟁이 벌어진 지역이 초토화되었다. 일제 당시 만주에서 일본군과 조선인으로 구성된 토벌대의 항일 독립군과 조선 민간인 학살도 악명이 높다. 이때 이들은 항일 독립군의 근거지를 제거한다는 명목으로 삼광三光 작전을 펼쳤다. 여기서 '광光'은 모조리라는 뜻을 지니고 있다. '모조리 죽이고(살광, 殺光)', '모조리 태우고(소광, 燒光)', '모조리 뺏어

버린다(창광, 搶光)'는 삼광 작전은 마을을 초토화, 게릴라와 주민 사이의 협력 관계를 파괴하는 것이 목적이었다. 만주에서 자행된 일본군의 생체 실험도 나치 독일과 닮았다. 이들의 항일 게릴라 토벌 작전은 훗날 제주 4.3사건에서 그대로 재현됐다. 제주도 학살은 다시 여수, 순천에서의 학살과 보도연맹 사건, 거창 양민 학살 등으로, 월남전에서의 민간인 학살과 공수부대에 의한 광주 시민 학살로 무서운 연속성을 가지며 이어진다."

- 이것이 현재의 보수 세력들과 어떻게 연결되는가?

"일제에 충성을 맹세하는 혈서를 쓰고 만주군관학교에 들어간 뒤 일본 관동군 장교로 복무했던 박정희의 친일 반민족 행위는 워낙 많이 알려져 있으니 일단 차치하자. 반민족 행위자에 대한 처벌이 실패하고 일제에 부역하던 친일파와 독립군을 토벌한 일본군과 만주군, 그리고 항일 독립투사를 잡아들이고 고문하던 일제 경찰이 고스란히 새로 수립된 대한민국 정부의 권력 엘리트가 되었다. 제주 4.3사건이나 여순 항쟁, 보도연맹 사건 등에서 민간인 피해가 그토록 많이 생겨난 배경이다. 이들은 공산당을 소탕하고 죽인 것이 아니라 자신의 반대자를 학살한 뒤 빨갱이로 만들었다. 광주민주화 운동에서의 시민학살도 성격은 비슷하다."

- 일제 강점 기간이 워낙 길었으니 강점기 엘리트들이 대부분 친일을 할 수밖에 없었다는 주장도 있다.

"그런 부분도 있을 것이다. 하지만 이 때문에 속죄하고 용서를 빌어야 할 이들이 반대로 권력을 잡은 뒤 반대자들을 죽였다. 참회는커녕 부끄러움도 없었다. 분단과 한국전쟁은 이들이 공산당을 악마화하며 자신의 권력을 다지는 더할 수 없는 기회가 되었다. 살아남아 새 정부의 국민이 된 사람은 이들에 동조하며 피해자를 죽이거나, 죽이는 데 참여하거나 방조하거나 침묵한 사람들이었다. 대한민국은 이런 부끄럽고 아픈 역사를 안은 채 시작되었다. 발터 벤야민에 따르면 이것이 바로 '시초의 폭력'이다."

– 벤야민은 '시초의 폭력'이 법을 정립할 때 나타나는 신화적 폭력이라고 했는데….

"'시초의 폭력'은 시간이 지나면 신화가 된다. 대한민국에서 '시초의 폭력'이 신화로 만들어지는 데는 긴 시간이 걸리지 않았다. 신화를 만들고 싶어 하는 세력이 나타났기 때문이다. 한국의 역사는 산업화와 민주화를 동시에 달성한 자랑스러운 역사라는 말이 회자된다. 부분적으로는 맞는 말이다. 하지만 이것이 곧바로 이승만 신화, 박정희 신화로 연결되는 것이 문제다. 신화와 역사는 공존할 수 없다. 벤야민은 이렇게 주장한다. 신화에 따르면 인간은 운명의 행로에 개입할 수 없기 때문에 새로운 일이 일어날 수 없다. 반면 역사는 인간이 사태에 영향을 미칠 수 있다는 것, 사람들이 의식적 행위자로 스스로의 운명을 개척할 도덕적, 정신적 책임이 있다는 것을 암시한다. 세상이 왜 이런가에 대한 경험적 인과 관계를 찾을 수 없을 때, 혹은 기억할 수 없을 때 신화가 답을 제공한다. 이런 답은 세계에 의미가 있기를 바라는 인간의 욕망을 만족시키지만 세계를 불가피한 운명으로 받아들여야 한다는 대가가 따른다."

– 이승만 신화, 박정희 신화가 지닌 문제를 말하는 듯한데, 벤야민이 등장하니 난해해진 느낌이다. 얼마 전에 프랑스 철학자 질 들뢰즈의 책에서 다음과 같은 구절을 봤다. '철학은 어디에 도움이 되는 것인가?'라고 묻는 사람에게는 다음과 같이 답하지 않을 수 없다. 자유로운 인간의 모습을 만드는 것, 권력을 안정시키기 위해 신화를 필요로 하고, 영혼의 동요를 필요로 하는 모든 자를 고발하는 것…. 이건 그나마 좀 쉽지 않은가(웃음).

"흔히 박정희 신화를 추종하는 사람들은 그의 등장이 역사의 필연이었다고 말한다. 작가 이인화는 '(근대화) 열망이 사회의 어떤 영역에서도 구체적 출구를 발견할 수 없는 상황에서, 이 열망에 부응할 국가개조의 과제는 … 군인에 의해 착수되어야 했다. 다른 대안은 없었다.'고 주장하기도 했다. 그러나 제2공화국의 혼란과 무능 때문에 박정희의 군사쿠데타가 불가피했다는 논리는 나치가 등장할 무렵 독일에서도 발견할 수 있다. 바이마르 공화국이 무능했기에 히틀러의 국가사회주의가 국가 개조를 영웅적으로 밀고 나갔다는 것이다. 스스로 삶의 주인이 되어 의미를 찾는 것이 아니라 영웅 숭배에서 찾는 것도 박정희 신화와 히틀러 신화가 닮았다. 박정희 신화는 그가 부하의 총에 피살된 지 30년도 더 지나 새로운 영웅을 만들었다. 차떼기로 흔들리던 새누리당에서 선거의 여왕으로 군림하다 대통령까지 된 박근혜는 환생한 여자 박정희다. 여기에 부드러움으로 덧칠된 육영수 신화까지 더해

졌으니 어느 면에선 박정희를 능가하기도 했다. 신화를 믿는 사람들, 특히 60대 이상은 박근혜의 등장을 운명으로 받아들였다. 그런데 결과는 어떠했는가?"

- 신화로 탄생했다는 점에서 이명박 정권도 비슷하다.

"이명박 신화를 만든 것은 1989년에 방영된 드라마 「야망의 세월」이었다. 한 샐러리맨이 대기업 회장으로 성공하기까지의 이야기를 담은 드라마로 40%를 넘는 시청률을 기록했다. 여기서 만들어진 '샐러리맨 신화'는 서울시장 이명박의 '청계천 신화'를 거쳐 경제 대통령 이명박이라는 허상을 만들어냈다. 어찌 보면 그는 1970년대를 온몸으로 보여 주는 존재이다. 그런 면에서 이명박은 박정희의 아들이다."

- 이명박 신화가 나왔으니 이야기를 잠시 한국 기독교로 돌리자. 이명박 정권 초기, 대형교회

인 소망교회에서 권력에 대거 참여하지 않았는가. 앞서 서북청년단이 4.3학살의 주역이라는 말도 나왔지만 한국의 개신교는 매우 정치적인 듯하다. 도대체 한국 개신교는 왜 보수적인가?

"이 문제는 한국 교회사의 관점에서 살펴볼 필요가 있다. 한국에서 개신교가 양적으로 성장한 결정적인 계기로 평양대부흥운동이 꼽힌다. 1907년 평양 장대현교회에서 일어난 평양대부흥운동은 그 뒤 개신교 성장의 모태다. 그러나 진보적 신학자들이 쓴 『무례한 자들의 크리스마스』에서는 다른 이야기를 하고 있다. 미국 선교사들 덕분에 당시 교회는 서구 열강을 등에 업고 일본군의 폭력을 피할 수 있는 상대적으로 안전한 공간이었다. 평양대부흥운동은 일본의 협조 없이는 종교 활동이 어렵다는 것을 깨달은 선교사들이, 한국 기독교인들이 눈을 돌릴 수 있도록 찾아낸 이벤트라고 할 수 있다. 결국 이 운동으로 교회의 친미 사대주의가 강화되었을 뿐 아니라 신앙과 신학이 서북지역으로 표준화되었다."

- 신앙과 신학의 서북지역 표준화라?

"이 책을 쓴 진보 신학자들의 이야기를 조금 더 들어보자. 1930년대 이후 일제가 신사참배를 강요하자 대다수 기독교인들은 신사참배를 그대로 받아들였다. 이것은 근본주의 신앙을 받아들이고 있던 기독교인들에게 큰 상처였다. 그 상처는 공산주의라는 새 악마를 찾아내고 자신의 죄의식을 외부에 투사하며 공격성으로 나타난다. 신사참배에 승복한 얼치기 악마인 자기들과는 다른, 진짜 악마를 찾아낸 것이다. 기독교가 잘 통합된 집단처럼 동일한 신념, 동일한 윤리관을 가진 집단이 된 것은 바로 이러한 증오의 정치와 깊은 관련이 있다. 그 뒤 친미와 반공주의는 한국 기독교의 전매상표가 되었다. 성조기를 들고 태극기 집회에 나오는 보수 기독교의 뿌리도 바로 여기에 있지 않을까."

- 음…다시 하던 이야기로 돌아가자. 비극으로 점철된 근현대사에서, 대다수 사람들은 수혜자

라기보다 피해자다. 왜 피해자가 역사의 채무를 감당해야 하나?

"피해자이면서 채무자이기도 하다. 폭력으로 시작된 대한민국 역사에서 채무를 진 사람은 당시 폭력을 가했던 사람들에 그치지 않는다. 해방 이후 광주까지 이어진 일련의 폭력에 현재를 살아가는 대다수 한국인들은 책임을 져야한다. 물론 가장 무거운 책임은 민간인 학살을 명령한 자와 이를 실행한 자들이다. 그러나 이 학살을 방관한 자와 침묵한 자, 그리고 이 사실을 알려고 적극적으로 노력하지 않은 자도 채무가 없다고 할 수 없다. 독일어로 '채무Schuld'는 '죄'라는 뜻도 동시에 지니고 있다. 적어도 역사의 법정에서는 민간인 학살이라는 폭력을 방관하거나 침묵한 사람들은 모두 유죄다. 이 죄는 쉽게 용서받을 수 있는 것이 아니다."

- 용서를 받는 길은 없는가?

"유일한 방법은 피해자에게 죄를 고하고 용서

를 비는 것이다. 이런 속죄는 한 번에 그쳐서도 안 된다. 피해자가 그만 하라고 할 때까지 반복되어야 한다."

– 구체적인 방법으로 무엇이 있을 수 있는가?

"보통 사람이 상상할 수 있는 것이 진보주의자가 되는 것이다. 앞장서 채무를 주도한 이들과 반대편에 서는 것이다. 앞서 말했지만 진보가 되는 방법은 투표다. 현재 보수 세력은 학살의 직접적인 가해자와 이들을 이은 이들이다. 따라서 이들 반공 보수 정당에 투표하면 안 된다. 최소한 그 반대인 진보 정당 또는 진보적인 정당에 투표할 필요가 있다. 이승만의 자유당, 유신이라는 야만에 앞장선 공화당, 광주 학살의 주범인 민정당을 이은 정당에 투표하는 것은 역사의 법정에 또 한 번 죄를 짓는 일일 수 있다."

– 주장이 과격하다.

"천만에, 그렇지 않다. 이탈리아 철학자 조르

조 아감벤은 당신이 악惡이라는 것을 깨닫는 그 순간만이 유일한 선善이라고 주장한다. 무슨 말인가? 아감벤의 책 『도래하는 공동체』에는 "선은 악의 자기 파악으로 규정되어야 한다"는 구절이 나온다. 악이 스스로를 악으로 파악했다는 것은 자신이 악이라는 것을 깨달았다는 뜻이다. 선은 오직 자신이 악이라는 사실을 깨달았을 때만 규정될 수 있다는 말이다. 이 논리를 밀고 나가면 선이란 원래 없는 것이다. 다만 악이 스스로를 악으로 깨닫는 그 순간에만 잠시 선이라고 부를 수 있는 사건이 출현하기 때문이다. 급진적으로 생각하면 한국의 보수는, 잠시도 선이 되지 못한 악이라고 할 수 있다. 한 번도 제대로 된 반성이 없었던 탓이다."

- 역시 과격하다. 진보적인 철학자의 주장을 현실에 적용할 수는 없지 않은가?

"아감벤의 통찰은 한국인에게만 적용되는 것이 아니다. 난징 대학살을 부정하거나 강제위안

부 사실을 은폐하는 일본 정부와 생각 없이 자기 정부를 편드는 일본 국민도 마찬가지다. 그런데 일본 정부를 편드는 일본인과 보수 우파 정당에 생각 없이 투표하는 한국인은 다를 것이 별로 없다. 전두환과 더불어 군부 쿠데타의 주역으로, 광주학살에 책임이 있는 노태우에게 몰표를 준 1987년의 대구 시민, 유신의 딸인 박근혜에 몰표를 준 당시 50대 이상도 그렇다. 이는 설령 박근혜 정부가 경제, 사회적 업적을 쌓았다 하더라도 이것이 부끄러운 투표였다는 본질은 달라지지 않는다."

- 이 문제는 지역주의 혹은 지역감정으로 설명할 수 있다. 대구 경북에 지역주의가 있다면 호남에도 지역주의가 있지 않나?

"두 지역의 지역주의는 성격이 다르다. 우선 대구 경북의 지역주의가 가해자 지역주의라면 호남의 지역주의는 피해자 지역주의다. 일본이 한국을 지배하고도 혐한 감정을 가지는 것이 대구 경북의 지역주의라면 한국을 착취하고도 반성하거나 참회하지 않는 일본인을 보며 착취당한 한국인이 가지는 반일 감정을 호남의 지역주의로 비유할 수 있다. 가해자가 기득권을 지키며 피해자를 혐오하고 차별하는 것은 누가 봐도 잘못된 것이다. 하지만 피해자가 반성하지 않는 가해자에 반감을 가지는 것을 나무랄 수는 없다. 또한 대구 경북의 지역주의가 군부 독재를 옹호하고 기득권을 지키며 특정 지역을 차별한 것 이외에 한 일이 별로 없는 반면에 호남의 지역주의는 민주화를 이끌어 낸 동력이었다. 흔히 영호남 지역주의를 싸잡아 망국적이라고 비판하며 양비론을 펴는데 분명 이건 잘못이다. 호남의 지역주의가 없었다면 민주적인 정권 교체는 불가능했다. 그래서 지역주의를 무조건 부정적으로 보는 것도 문제가 있다."

– 하지만 노무현은 지역감정을 망국적이라며 그 해소를 가장 우선순위에 두고 노력했다.

“적어도 영호남 지역감정에서 중용이란, 양쪽이 모두 잘못했으니 절반씩 양보하는 것을 의미하는 것은 아니다. 여기서 중용은 대구 경북 지역주의의 폐해를 극복하고 호남 지역주의의 장점을 유지하는 새로운 균형을 말한다. 가해자인 일본이 한국에 사과하는 것이 맞듯이 대구 경북이 기득권을 내려놓고 사과하는 것이 맞다는 이야기다. 부산에서 진보 정당 의원을 몇 명 뽑았으니 광주에서도 보수 정당 의원을 뽑아야 하는 것이 아니라 호남에서는 보수주의 정당에 투표를 하지 않는 것이 ‘비대칭성의 윤리학’이다. 호남의 저항은 역사 발전에서 매우 중요하다. 약자의 저항이 강자의 관용과 만났을 때 역사는 발전한다. 호남의 지역주의 덕분에 한국 정치사에서는 놀라운 결과들이 이어졌다. 결과적으로 한국은 아시아에서 민주주의가 가장 발전한 나라가 되었다. 그럼에도 특정 지역민의 집단적 책임에 대한 문제는 고스란히 남아 있다. ‘뻔뻔한 정치’라는 말은 정치인만이 아니라 일반 시민에게도 적용된다. 집단적 책임을 지고 있는 사람들이 뻔뻔함을 벗어날 수 있는 길은 바르게 투표하는 것이다."

- 그러나 정치는 이상이 아닌 현실이다. 어떤 사람은 진보적인 정권의 무능을, 또 어떤 사람은 정권에 참여한 인사들의 부도덕을 보며 실망하기도 한다.

"진보 정권에 참여하는 인사도 도덕적으로 하자가 있을 수 있다. 일부 위선적인 행동도 있었고 지지자들을 실망시키기도 했다. 그러나 이들의 도덕성을 보수 정권의 그것에 비교하면 이야기는 달라진다. 이를 두고 50보, 100보라고 말하기도 하지만 50보와 100보는 분명한 차이가 있다. 더욱이 내가 보기에 보수 정치인들이 훨씬 더 부패했다. 보수주의자가 가지고 있는 또 다른 편견은 보수 정부가 유능하다는 것이다. 이 또한 사실과 다르다. 적어도 지금까지만 보면 오히려 정반대일 경우가 더 많았다. 우선 경제 문제부터 보자. 세계 경제에 편입돼 미국과 중국을 비롯한 대외 경제의 영향력이 결정적인 상황에서 정권이 바뀐다고 해서 많은 것을 바꿀 수 있는 것은 아니다. 하지만 보수 정부에서 초래했으나 진보 정부에서 수습한 국제통화기금IMF 구제금융 사태를 비롯해 각종 경제지표, 국가경쟁력 순위 등의 자료를 찾아보면 진보 정권이 무능하다는 것은 심각한 편견이다. 선진국의 대다수가 민주적인 정부를 구성하고 있는데 비해 후진국은 권위주의 정권이라는 것만도 많은 것을 시사한다."

- 현재 확산되고 있는 신종 바이러스 코로나19를 두고도 진보적인 정부의 위기관리 실패를 주장하는 사람들이 많다.

"불행히도 코로나가19가 전국적으로 확산되고 있지만 내가 보기에 한국 정부의 대책은 세계적 기준에서 나쁘지 않다. 특히 빠르게 많은 사람들을 진단해서 확진자를 찾아가는 과정은 세계 최고이다. 국내 보수신문들은 연일 정부를 비판에 열을 올리고 있지만 이는 외신들의 평가와 다르다. 미국 시사 주간지 『타임』을 비롯해 BBC, 「뉴욕타임스」 등의 세계적인 언론이 코로나19가 확산되는 와중에도 한국 정부의 대응을 높이 평가했다. 초기에 마스크 수급 등 일부 문제가 있었지만 이는 빠르게 해소되었다. 진보 정부의 상대적인 유능함은 2000년대 이후 유행했던 전염병에 대한 정권별 대처를 봐도 확연히 드러난다. 2003년 3월 사스(SARS · 중증급성호흡기증후군)가 발생했을 당시 노무현 정부는 사스 경보를 발령하고 대대적인 검역을 벌여 환자접촉자 등 2200여 명을 자택에 격리했다. 그 결과 국내 감염자 수는 3명, 사망자는 전무했다. 그래서 같은 해 세계보건기구WHO는 한국을 사스 예방 모범국으로 인정했다."

– 2009년 신종플루(H1N1 · 신종인플루엔자)가 발생했을 때 이명박 정부도 비교적 발 빠르게 대응하지 않았나?

"그건 맞다. 하지만 치료제인 타미플루 확보가 미흡하고 백신 개발이 늦어 75만 명이 감염되고 200명 이상이 사망했다. 여기에는 항 바이러스제 구입 예산 등 보건예산이 대폭 삭감된 탓도 있다. 2015년 메르스(MERS · 중동호흡기증후군)는 박근혜 보수 정부의 무능과 위기 대응 능력 부재를 적나라하게 드러낸 사례다. 가뜩이나 초동 대응이 늦은데다 지휘부가 분산되고, 중앙정부와 지방정부, 의료기관과 지역사회, 그리고 국민 간의 불통과 불신 등이 겹친 탓이다. 이로 인해 186명이 감염되고 39명이 사망하며 박근혜 정부의 몰락을 부채질했다. 전반적으로 진보적이고 민주화한 정부의 국민 보건의료 및 복지정책이 보수적이고 권위주의적인 정부의 정책보다 우월하다는 증거는 아주 많다."

– 정책 비교를 하면 끝이 없다. 시각에 따라 다른 주장과 결론도 가능하고…. 그러니 이제 대화를 마무리하자.

"한국 진보 정권이 모두 성공한 건 아니다. 하지만 실패 중 상당 부분은 진보의 집권이 절반의 집권에 그친 때문에 정책을 제대로 펼치지 못한 탓도 있다. 1948년 정부 수립 이후 72년 동안 거의 60년을 보수 정권 내지는 군사독재 정부 하에서 살았다. 김대중, 노무현 정부가 집권했지만 김대중 정부는 보수와의 연합으로 집권한 반쪽 정권, 노무현 정부의 의회는 보수 야당이 다수당이었다. 탄핵 파동 이후 단 몇 개월간 진보가 입법부를 장악했으나 보궐선거에서 연이어 패하며 곧 과반수를 잃었다. 여기에다 행정, 사법을 사실상 장악하고 있는 이들은 개혁에 반대하는 보수 기득권층이었다. 조선일보, 중앙일보, 동아일보를 필두로 한 주류 언론은 말할 것도 없고 학계와 대기업도 마찬가지다. 이런 상황은 문재인 정부가 집권한 현재도 전혀 달라지지 않았다. 진보적인 정부가 제대로 정책을 펼치고 일하는 것을 보려면 진보 정권이 국정을 모두 장악해 볼 필요가 있다. 그렇게 일하게 한 뒤에 다시 정권

교체가 이루어진다면 그나마 설득력이 있을 것이다."

- 이제 마지막이다. 이 작은 책을 읽을 독자에게 하고픈 말은 무엇인가?

"딱 한 달만 진보주의자가 되어 보라. 방법은 총선이든, 대선이든 진보 정당, 진보적인 정당에 투표하는 것이다. 그것의 중요성과 효과는 당신이 생각하는 것보다 훨씬 크다. 개인적으로는 예술과 인문학과 창의성으로 향하는 길이 열리고, 세상이 다르게 보일 것이다. 나이에 관계없이 젊어질 것이다. 그리고 이는 역사의 법정에 진 채무를 갚는 길이기도 하다. 혁명, 어렵거나 대단한 게 아니다. 개인 차원이든, 국가 차원이든 이것이 바로 혁명이다."